弁理士に
お任せあれ

特許・商標・意匠
早道解決

大樹 七海
OOKI Nanami

発明推進協会

はじめに

　この本を手に取って下さったみなさんは、エンジニアでしょうか、デザイナーでしょうか、クリエイターでしょうか、スタートアップ企業経営者、中小企業経営者、あるいはその卵、知的創造活動をビジネスにすることに興味を持たれている学生さんでしょうか？

　現代社会のビジネスは非常に競争が激しくなっています。その競争の中で勝ち抜いていくにはみなさん自身がいかに他社に対して「強み」を持っているかが重要になります。ビジネスにおける強みというとすぐに思い付くのは資金ですね。その一方で我々人間は知恵を持っています。知恵を活かして他者に差をつけることこそ資本に頼らない人間ならではの武器です。**知恵の武器として代表的なのが特許・商標・意匠に代表される「知的財産」、略して知財**です。

　知財という言葉ですが、いまだ世間に浸透しているとは言い難い状況ですが、**発明、技術、ロゴマーク、ネーミング、ブランド、デザインに関係するもの**と聞けば身近に思われると思います。

　みなさんが創出した特許、商標、意匠にカテゴライズされる知財を権利として、つまり知的財産から知的財産「権」として世に認められるためには、法的な手続きを通す必要があります。

　しかし、みなさんが苦心を重ねて、そうした知財を生み出したあと、それを**事業の収益の柱とするための「権利」である、知的財産権の取得の仕方や運用・管理・活用の仕方については、驚くほど知られておらず、誤解も多いと感じています。そもそも、知財を生み出したあと、その権利化を検討するまでが、思考ルーチンとしてセットである、というところまで認識されていないことに危**機感を抱いています。

　これらの**知的財産権の取得は早い者勝ち**です。権利取得と権利運用に無頓着でいると、ビジネスチャンスを逸しただけでは済みません。他社に先に押さえられた権利によって、みなさんの事業の方が権利侵害であるとして差止められて、中止に追い込まれる可能性も出てきます。

　例えば商標権侵害の場合、**店名を変更させられる、数千〜数万点の商品に貼**

られたシールを剥がす、在庫品を処分させられる、高額な商標権の買取要求を突き付けられる、新聞に謝罪広告を出させられる、損害の賠償を求められる、といった、身の毛がよだつような事態も起こり得ます。

それまでに費やしてきた時間と労力、宣伝広告費・開発費が無駄になるだけでなく、顧客や取引先や投資家を失う、ブランド価値が下がる、株価が下がる、といった多大なダメージを負うことになります。

また、特許権や商標権や意匠権を取得していなくても、**不正競争防止法や著作権でなんとかなると勘違い**される方もいます。

そこで知的財産権のプロである弁理士の出番です。弁理士は弁理士試験という弁護士や公認会計士に匹敵する高い難易度の国家試験を突破した人達です。しかし弁護士については、ドラマ等で、なんとなくイメージがあると思いますが、弁理士については初めて耳にする方がほとんどではないでしょうか。

「知的」活動の成果であるアイデア等の無体物は、土地・現金に代表される動産・不動産である有体物とは異なり、模倣が容易で複数人が同時に使用できるという性質を持ちます。そしてそのほとんどが大手企業等の知財部や法務部が弁理士と行っているものであり、一般には特許・商標・意匠等の知的財産がどのような法手続きで権利化し、活用されるのかをイメージするのは難しいのではないかと思います。

弁理士は、特許・商標・意匠等の知的財産をみなさんが出願したいときに事業として代理で書面を作成できる独占権限を持っています。そして日夜、知的財産の業務をこなしているため、みなさんの知恵により産み出された知的財産を素早く幅広く強く権利化できるようアドバイスすることができます。

つまり、みなさんは**弁理士を味方にする**ことによって、今後のビジネス展開を踏まえて、知的創造活動の成果を権利に結び付ける発想を持つ、海外展開も視野にあればそれも含めて自社の権利として確保する、競合他社や模倣・海賊集団に対抗し、自社ブランドを守り育てられる力を得ていく、という発想と手段を、常に持つことができるのです。

そこで本書1冊で、自社に知財部や法務部がなく、時間もなく、社長自らが全てを見なければならない状況下にある、スタートアップ企業経営者、中小企業経営者、独立されたデザイナーの方々が、明日にでも、弁理士という知財のプロを味方につけ、特許・商標・意匠の権利取得や、競合他社に対して有効な知財戦略を立てられる契機となるスターターキットかつオールインワンのガイ

ドブック「**弁理士にお任せあれ**」を執筆しました。

　本書によって、**知財のプロである弁理士の存在を知り、明日にでも会ってみよう！**と思われ、相談会や特許事務所に足を運んで頂ければ、本書の意義の大部分は達せられるように思います。

　本書が仲人となり、長い年月（特許権の存続期間は20年、商標権に至っては更新すれば半永久的）に渡り、みなさんを支えることになる、ピタリとくる知財戦略の参謀たるパートナーに出会えることを強く願っています。

2020年1月　大樹七海

本書の見方

① 「外部専門家として知財のプロである弁理士の探し方、選び方がわかる」

　　弁理士とは、どういう仕事をしている人たちなのか、何を頼めるのか、どこに行けば会えるのか、何を準備し、どう相談すれば良いのか、どのような観点で自社に最適な弁理士を選べば良いのか、といった、知財初心者が直面する最初の疑問を解消し、外部専門家として弁理士を活用するためのハードルを下げることを目的としています（➡第1章「**まずは弁理士と会おう！**」）。

② 「知財のプロである弁理士の仕事の内容がわかる」

　　本書は、弁理士法に定められている弁理士の幅広い業務を具体的に表現し説明することで、**弁理士に依頼できる仕事の具体的なイメージを持って頂ける**ようにしています。ちなみに、医者に外科、内科、麻酔科医がいるように、弁理士も実に様々な専門領域に分かれていますので、相談内容によって適切な弁理士を選ぶことが鍵となります（➡第2章「**弁理士にお任せあれ**」）。

③ 「これ1冊で、特許・商標・意匠の権利の取り方、実用新案権・著作権・不正競争防止法との違いについて浅く広くわかる」

　　本書は、既に知財を扱った経験のある方が一人で知財業務ができるようになるための本でも、知財の実務家向けの本でもありません。**本書は、主に経営者（自分でビジネスを行う人全て）が、事業戦略を立てるために、浅く広く知的財産権の全体を見渡して、弁理士にポイントを押さえて依頼できるようにするための本である**ので、取得する知的財産が**特許・商標・意匠のそれぞれの場合について、どのような準備をしてから弁理士と会い、どのように打ち合わせをして権利化までもっていくのかがわかります**（➡第3章「特許を取る」、第4章「商標を取る」、第5章「意匠を取る」）。

④ 「これ1冊で、特許・商標・意匠の権利の取得後から紛争処理まで、浅く広くわかる」

　本書1冊に、特許・商標・意匠といった知的財産の権利化から権利活用、紛争処理に至るまで一気通貫で浅く広くカバーしています。弁理士の行うメイン業務は権利化ですが、権利化業務というのは予め起こりうる紛争を予測して行うものです。権利取得後のイメージを掴み、権利を保有し、活用することの意義がわかるようにしました。弁理士は、知的財産が権利化された後についても、みなさんの強い味方となりともに知的財産を守り、時には海外まで拡大していく際の良きパートナーとなります（➡**第6章「弁理士は知的財産権を守るときの味方」**）。

⑤ 「弁理士の考え方や職務能力の解説」

　弁理士は当たり前だと思っているけれども、みなさんから見ればそうではない、弁理士の考え方や職務能力を知って頂くために、絵・図・表を豊富に用いて、イメージを掴み視覚的に理解し易くしています。激動のビジネス環境において、弁理士がみなさんの信頼を得て、共に日本・世界で戦えるパートナーになれればと思います（➡**第2章「弁理士にお任せあれ」、第7章「弁理士はどんな人？特許事務所はどんな所？」**）。

⑥ **注意点**

　知的財産権制度は各国で異なります。また頻繁に法改正が行われます。本書は特に断わりのない限り、わが国の知的財産権制度の解説であり、**「特許法等の一部を改正する法律（令和元年5月17日法律第3号）」**に基づきます。

参考　知的財産権とは

　知的財産権には沢山の種類があります。参考にそれぞれの権利について以下に簡単に説明しておきます。しかし、初めから覚えるには多すぎると思いますので、**事業における知財戦略でポイントとなる特許権、商標権、意匠権の3つの名称**は覚えて下さい。なぜなら、この3つの権利は**特許庁での審査を経て登録・公開**されるため、貴重なビッグデータとしてマーケット分析や競合他社の動向分析、自社の目指すべき方向性の検討に使われるものだからです。これらの権利を産業財産権と呼びます。そして弁理士の中核をなす仕事はこれらの権利を取得するための特許庁への代理手続きとなります。

■*特許権とは*（➡*特許権の取得方法　第3章*）
　特許権は、今までにない**新しい発明を創作**した者に対して与えられる権利です。**発明とは、簡単に言うと課題を解決するための技術的アイデアです**。発明は大別すると、**物の発明・方法の発明・物を生産する方法（製造方法）の発明**があります。特許庁に出願し審査を経て登録されることで特許権が発生します。特許権者は、特許発明の事業としての実施を独占できると共に、侵害行為に対して差止請求、損害賠償請求等を求めることが可能です。

■*実用新案権とは*
　実用新案権は、今までにない新しい考案を創作した者に対して与えられる権利です。考案とは、簡単に言うと物品の形状や構造等のちょっとした工夫における技術的アイデアです。特許庁に出願し審査を経て登録されることで権利が発生します。しかし、この審査は特許・意匠・商標とは異なり形式的な審査のみで、実質的な中身に関する審査はなされないので、無審査登録とも呼ばれています。形式さえ満たせば権利が取得できるものの、その分、権利行使の際には追加の手続き等が課され、慎重に行わないと逆に損賠賠償請求をされる場合も起こりうるため注意が必要です。

■意匠権とは（➡意匠権の取得方法　第5章）

　意匠権は、今までにない**新しい意匠を創作した者**に対して与えられる権利です。**意匠とは、簡単に言うと視覚を通じて美観を起こさせる物品等のデザイン**であり、特許庁に出願し審査を経て登録されることで意匠権が発生します。**意匠権者は登録された意匠と同一・類似の意匠の事業としての実施を独占**できると共に、侵害行為に対し差止請求、損害賠償請求等を求めることが可能です。

■商標権とは（➡商標権の取得方法　第4章）

　上記3つの特許法、実用新案法、意匠法が創作物の保護のための創作法と言われているのに対し、商標法は営業標識を保護するための標識法と呼ばれており、性質がやや異なります。そのため、商標権の登録要件には**新しさや創作性は要求されません**。

　商標とは、簡単に言うと**マーク（標章）のうち自社の商品・サービスに使用する識別標識**であり、特許庁に出願し審査を経て登録されることで商標権が発生します。商標権者は登録商標を指定した商品・サービスに事業として独占して使用できると共に、侵害行為に対し差止請求、損害賠償請求等を求めることが可能です。

■著作権とは

　著作権は、文芸・学術・美術・音楽のジャンルで、思想又は感情を創作的に表現した著作物を保護する権利です。例えば、文芸・学術・美術・音楽のジャンルに属さない「工業製品」、理論や法則等の「アイデア」自体は、表現を伴わないので著作物に該当しないため、著作権での保護は受けられません。

　著作権は、著作物が創作された時点で自動的に発生するため、特許庁や文化庁等の国の行政機関に対して手続きをする必要がありません（無方式主義といいます）。上記の「産業財産権」と呼ばれる特許権・実用新案権・意匠権・商標権が、権利の発生に国の審査を経て登録されることが必要（登録主義といいます）であるのと対照的です。

　広義の著作権という用語には、他人に譲渡可能な経済的権利としての狭義の著作権（著作財産権）と、他人に譲渡が不可能な著作者人格権とに分けられます。

■不正競争防止法とは

　法律上の位置づけとしては、上記の産業財産権や著作権のように、権利を与えるという方法ではなく、不正競争行為を規制するという方法で、知的財産権の保護を図る法律です。独占禁止法（公正かつ自由な競争秩序の維持）や景品表示法（一般消費者の利益保護）とともに競業秩序の維持の一翼を担っています。

■回路配置利用権とは

　回路配置利用権は、独自の半導体チップの回路配置を創作した者に対して与えられる権利です。財団法人ソフトウェア情報センター（SOFTIC）に申請し、審査を経て登録されることで権利が発生し、同センターのホームページに公示されます。

目　次

第3章　特許を取る

第4章　商標を取る

コラム

あとがき

第 1 章　まずは弁理士と会おう！

1. 特許・商標・意匠、これら知的財産を専権業務とする知財のプロ、弁理士！

　ビジネスや生活の中で新しいアイデアを思い付くことがあるでしょう。最近では**特許・商標・意匠**という言葉も昔より広まってきたと思います。これらを思い付いた時、ただメモを取っておくだけではあなたの権利にはなりません。**あなたの権利とするための手続きが必要**なのです。

　出願という言葉を聞いたことがありますか？特許庁にあなたの権利とするための手続き、すなわち出願書類の提出をすることです。この出願書類が審査されて新しいアイデアと認められて初めて、そのアイデアはあなたの権利となるのです。しかし、出願には様々な「**しきたり**」があるため、そう簡単に出願はできません。なぜなら出願書類は権利の内容が記載されている「**法的権限を持つ文書**」だからです。

　例えば、特許出願の場合、決められた書式での図面や文章が必要となります。さらに先行技術等事前に調べて、公知の技術や他者の権利にかからないようにしつつも、自社の権利をなるだけ広く確保できるように書かなければなりません。最終的には出願書類は侵害訴訟で勝つための法律要件を満足するものに書き直されることになります。どうですか？簡単にはいかなさそうですね。そこで強い味方となってくれるのが「**弁理士**」なのです。

　弁理士は特許・商標・意匠等の知的財産を権利化するときの書類作成のプロフェッショナルです。弁理士があなたの新しいアイデアを出願書類として権利化するまで二人三脚でサポートします。昨今のTVドラマ等で発明や特許にまつわる話で、裁判所の弁護士を見かけるようになりました。しかし、発明や特許、**知財といえば「弁理士」**なのです。大事なことなので強調しました。ドラ

マの脚本家に文句を言っても始まりません。**特許・商標・意匠・国内および海外での権利取得等知的財産権で最初に相談すべきなのは弁理士なのです。**そして最後までお付き合いするのも弁理士なのです。

　みなさんの新しいアイデアにとって、とても大事な存在であり頼りになるサポート役の弁理士に会ってみようではありませんか！

2. 弁護士や行政書士とどう違うの？

　新しいアイデアにとって大事な**弁理士**ですが、一般的に良く耳にする**弁護士**や**行政書士**とは何が違うのでしょうか？

弁理士と弁護士の違い

　まず、**弁理士と弁護士の違い**ですが個人や企業間で**トラブルが生じたら登場**して、法廷で**証拠**をかざして戦う姿は、**弁理士に当てはまりません。**特許・商標・意匠等知的財産には揉め事が付き物ですが、裁判で弁舌を振るうのは弁理士ではないのです。おっと、早とちりしないでください。でも裁判の勝敗を分けるカギは弁理士が握っているのですよ。

　弁理士は**トラブルが生じる前から登場**します。一般的に知的財産権の裁判は、「どちらが先に知的財産権を取得したか」、「知的財産権を本当に侵害したのか？」が焦点となります。これを法廷で裁判長の前で論じるのは弁護士です

が、その弁護士が論じる元となる**権利書**、つまり論拠となる証拠は**弁理士が作成したもの**なのです。弁理士は、発明を生む場やデザインやブランドを創出する場に立ち会い、**トラブルを事前に予測し対策を立てて、それら知的財産を権利化する権利書を作成**します。後でも詳しく述べますが、**弁理士が仕上げた権利書の解釈こそが裁判の勝敗を分けます**。先に知的財産が出願されたと言えるのか？どこまでの範囲の知的財産が権利化されているのか？侵害したと言われている事案は権利書に記載されているのか？これら全てが**弁理士の書いた権利書（特許・意匠・商標の出願書類）で判断される**のです。

　つまり**弁護士が法廷で弁舌により戦う**存在とするなら、**弁理士はペンを持ってして権利化書類で戦う**存在なのです。

弁理士と行政書士の違い

　さて、次に**弁理士と行政書士**との違いは何でしょうか？弁理士との違いはその業務範囲です。行政書士とは各種の許認可申請書類の代行作成をして法的に合致した提出可能な書面を仕上げるのが仕事と言えるでしょう。また、財務諸表や商業帳簿の作成等会計業務にも携わることができます。さらに、遺産分割協議書等権利義務・事実証明に関する書類の作成も行政書士の業務範囲となっています。しかし、非常に幅広い業務を担当できる行政書士ですが、**知的財産の権利化に必要な特許・商標・意匠の出願書類を作成し、特許庁へ提出することは法律違反でありできません（非弁行為）。弁理士法で定める専権（独占）業務**だからです。事業としての医療行為が医師国家試験をパスしてライセンスを取得した者でなければ認められないのと同様です。知的財産は世界に流通す

る資産です。国内法はもとより外国法令や条約等も理解している必要があり、知的財産権業務の能力を担保しない者が行えば、クライアントやひいては国益に不利益を生じさせ、社会問題が生ずるからです。

　みなさんが特許・商標・意匠の知的財産を創出等したとき、代わりに出願書類を作成して特許庁と手続きができるのは、知財のプロである弁理士なのです。

3. あなたの気づいていない強みや弱みを指摘し補ってくれる！

　弁理士が特許・商標・意匠の出願代理を行う独占業務権限を持ち、欠かせない存在であることはご理解いただけたでしょうか？そんな知財のプロである弁理士ですから仲良くなると出願に際して大きなメリットを得られます。それは**弁理士と協力し合うことにより、みなさんの特許・商標・意匠はさらに強力になる**ということです。

　これは、弁理士は常に大量の出願書類に触れ、また、知的財産に関する訴訟や判決についても調査し、それらの蓄積からどのような書類を作成すれば、どんな文言を用いれば知的財産権が強力なものになるかのノウハウを多数蓄積しているからです。みなさんは特許・商標・意匠のアイデア等を産みだした時、業界内でのアイデアの立ち位置や優位性はよくご存知かと思います。

　一方で、その優位性や特徴が出願書類にきちんと反映されているかどうかは、知的財産権の書面作成のプロである弁理士のサポートを受けたほうが良いでしょう。なぜなら**過去の出願書類との比較や表現による勝負が始まる**からです。

　表現による勝負とは、例えば特許では、まず特許庁の審査官が出願書類を読んだときに新しいアイデアであると認められる文言で書かれているかどうかということです。審査官は過去に似たケースの出願や事例があるか調べて比較をします。その比較の中で本当に新しいものかを判断します。その時、アイデアの新しさは出願書類の文言をもってのみ評価されます。**出願書類は法的権限を持ちますからそこに書かれている文言こそが判断材料であり、アイデアそのものが現実にどうなっているかを判断されるわけではありません。つまり新しいアイデアをせっかく創出しても文章が良くないために新しさが感じられないと判断されると出願しても拒絶されてしまったり、権利範囲が狭くなったりして**

しまうのです。

　弁理士は出願書類に携わっている経験および法律知識から審査官の判断をある程度予測することができます。さらに過去の判決事例からどのような権利化をすると幅広くかつ長期間に渡って権利を得られるかを知っています。そして言葉の表現のあいまいさやミスにより権利が消失しそうな可能性を見抜いて事前に修正することができます。さらには権利化するのが難しい案件があっても巧みな文言を作成することによって見事に権利化へ導けることもあります。**弁理士はペンを持ってして権利化書類で戦う**と前述しましたが、みなさんが現場で産み出した精神活動の成果等を法的効力のある書面にする専門家です。審査官や先人の出願を乗り越えることができる文言に練り直し、強力な書面へと仕上げてくれることでしょう。

　以上のことから、**弁理士はみなさんの気づいていない強みや弱みを指摘し補い、その権利がより大きく拡がるように協力する存在**です。さらに、早い段階から協力し合うことによって出願書類の内容を充実させるためにはどのような準備をすれば良いのか早期にアドバイスを受けることができます。それによりみなさんの出願書類は強固かつ早期に仕上がることでしょう。出願書類を前にウンウン唸って悩む時間を長引かせると、他人に先を越されて、せっかく産みだした知的財産の権利範囲が狭まる等、もったいない結果に終わります。書面の体裁を整えるだけで手一杯になる可能性が高いからです。また一刻を争う早い者勝ちのビジネス世界において、出願が遅れると他人の出願の後塵を拝し、権利化を阻まれてしまいます。それを回避するためにも早いうちから弁理士に相談して強固な出願書類を協力して作り上げた方が良いのは明白です。

4.　かかりつけ弁理士を持つ攻めの発想

　特許・商標・意匠の出願に際し、弁理士に相談して強力な書面を作成することのメリットはご理解頂けたかと思います。でもこれら知的財産のアイデアを産み出す度に毎回弁理士を探したり選んだりするのはさすがに手間がかかります。事業展開を考えて知的財産を戦略的に特許・商標・意匠の全てに渡って取得する必要も出てきます。**何よりも、特許・商標・意匠の全てにおいて最も大切なのは誰よりも早く出願できるかどうかです。適格な出願書類を一刻も早く**

仕上げるためには弁理士のサポートは欠かせません。知的財産を手早くかつ戦略的に権利化して事業を確立していくためにも、かかりつけ医のように日頃から相談できる弁理士や特許事務所があると非常に便利です。

　例えば以下のような新しい特許・意匠・商標を思い付いたとしましょう。

① **アイデアを思い付いた**！いち早く発表し、資金や提携先を募り、商品化に繋げよう！
② **ネーミングを思い付いた**！流行りのワードでウケそうだ、生産ラインに指示しよう！
③ **デザインを決めた**！斬新なデザインで誰もが注目し驚くに違いない。これで企画を進めて、完成したら発表しよう！

　もし、このまま弁理士に相談せずに出願しないまま、勢いで製品化まで到達した場合、リリースしたら何が起きるでしょうか。

　「発表したことで、みんなの共有知になってしまい、法の救済期間も過ぎていて、残念ながら権利は取れません」とか、

　「先に他者に権利を取られていました」その結果、

　「他人の権利を侵害しています」という警告がきて、

事業の差止め、製品や設備の廃棄命令、損害賠償の請求までされることもあります。

　お金と時間をかけて開発し、必死に宣伝をして売り出した矢先、衝撃の結末が待っている可能性があるのです。なんと残念なことでしょうか。今の時代、**パクリだと大炎上して、**貴社の**社会的信用**が地に落ちてしまうリスクもあります。

　ここで、悔やんでも失われたものは戻りません。地に落ちた信用も回復には恐ろしいほどの時間がかかります。

　また、「売れてきたら考えよう」では、売れてきた途端に始まる他社の模倣や侵害警告の猛攻撃への備えができておらず、成果を奪いとられかねません。そのために、これら全てのことは当然に起こるべきこととして予測し、事前に手立てして、先手を打っておくべきです。

　新しい知的財産を思い付いたばかりの段階で、具体的な製品化やサービス提供もまだこれからという時期に、「弁理士に相談して知的財産の権利化プロセスを検討しようということまでは頭が回らないよ」というお気持ちは分かりま

すが、**アイデアを生みだす段階**から、弁理士と共に世間の信用を得られるように、**他社の権利を侵害していないしかつ自社の権利を最大限に確保する知的財産権の策**とともに、**事業全体を構築していく**姿勢で臨む必要性は以前にも増して格段に強まってきています。

　今の時代は、情報は世界中どこからでも検索して見つけられますし、拡散のスピードも生産や物流のスピードも非常に速いものとなっています。AIやIoT等で益々情報の価値が増し、囲い込みが始まっている産業経済において、**アイデアの創出とアイデアの権利化は、同時並行で戦略的に練りながら進めていく**ことは自社の維持・発展の道を確保するために**必須**です。

　よって、常日頃から、知的財産権について相談できる、知的財産の権利化のプロである、**かかりつけ弁理士**を持っておくことが必要となります。知的財産に関するリスクから身を守り社会的信用を確立しつつ、強くかつ息の長い事業を育て維持していくことに繋がるでしょう。

5.　弁理士に会える場所は？探し方は？

　弁理士は特許事務所にいます。インターネット等で特許事務所のホームページを調べて直接行けば会えるのですが、特許事務所や弁理士をどう選べば良いのか分からなかったり、いきなり電話でアポイントをとって会いに行くにしても、まず電話で何を話せばよいのか、会うためにどんな準備をすればよいのか

といった疑問や不安が尽きないと思います。本書はそんな方々が弁理士と会うためのハードルを下げて、安心して弁理士と会い、新しくこの世に産み出されたアイデアを無事に権利化へと導くための案内役を務めます。

　まず、**弁理士の会い方**ですが、各地で無料相談会が開かれていますので、本格的な相談の前に、お試しとして利用してみるのもお勧めです。なお、こうした**相談会ですが、特許・商標・意匠という言葉ではなく、知的財産権や産業財産権という言葉**で開催されていることが多いので、そうした名称の相談会にも足を向けてみてください。

　日本弁理士会では全国各会にて無料の知的財産相談室を常設しています。特許・実用新案・意匠・商標の手続きはもちろん、諸外国の制度や知的財産権全般について弁理士が無料で相談に応じています（後述）。

　また、**独立行政法人工業所有権情報・研修館（INPIT）でも全国47都道府県に無料の「知財総合支援窓口」**（URL：https://chizai-portal.inpit.go.jp/）を設けています。こちらは週1回以上窓口に弁理士が在席しています。（経済産業省の中小ベンチャー企業支援の重点施策として、特許庁、経済産業省各県産業局、一般社団法人各県発明協会、公益社団法人発明協会、一般社団法人発明推進協会、日本弁理士会各会等が連携支援しています。）

　中には公的な団体と紛らわしい名称を用いて相談に乗る、詐欺的な商法が報告されていますので、初めての方は上記窓口を利用されることをお勧めします。

日本弁理士会による無料知的財産相談室の使い方

　日本弁理士会では、以下に記載する北海道会・東北会・北陸会・関東会・東海会・関西会・中国会・四国会・九州会で無料の知的財産相談室を常設しています。

　特許・実用新案・意匠・商標の手続きはもちろん、諸外国の制度や知的財産権全般について弁理士が無料で相談に応じています。表に記載の電話番号またはURLから事前予約をしてください。

　土・日・祝日および毎年12月28日から翌年1月7日はお休みです。相談時間は30分（例外もあります）です。短時間で限られた情報等による相談になるため、調査等が必要のない即答できるものに限られ、法的責任を負う内容は処理できません。相談にのってくれた弁理士を気に入って、その弁理士に、引き続き調査や出願等を依頼したい場合は、その弁理士と直接連絡を取ることになります。

表　日本弁理士会による無料知的財産相談室

会名	アクセス	相談日/時間・電話・HP・予約Web・電話・住所
北海道会	「札幌」駅下車　徒歩1分	●火、金/14：00〜16：00 ●011−736−9331 ●HP：http://jpaa-hokkaido.jp/ 〒060−0807北海道札幌市北区北七条西4−1−2 KDX札幌ビル3階
東北会	仙台市営地下鉄南北線「勾当台公園」駅公園2番出口より徒歩5分、「仙台」駅より徒歩15分/バス8分	●火/13：00〜16：00 ●022−215−5477 ●希望日の前週の木曜日16：00までに予約 予約：https://www.jpaa-tohoku.jp/ 〒980−0014宮城県仙台市青葉区本町3−4−18 太陽生命仙台本町ビル5階
北陸会	JR金沢駅金沢港口（西口）より約10分、北鉄バス「工業試験場」下車	●水/13：00〜16：00 ●076−266−0617 ●前日までに予約 ●HP：http://www.jpaa-hokuriku.jp/ 〒920−8203石川県金沢市鞍月2−2 石川県繊維会館2階
関東会	【常設相談室（霞が関）】 銀座線「虎ノ門」駅下車　徒歩約5分、銀座線・南北線「溜池山王」駅下車　徒歩約6分、千代田線・日比谷線・丸の内線「霞ヶ関」駅下車　徒歩約7分 【東大和会場（多摩地域）】 西武拝島線「東大和市駅」より徒歩10分 多摩都市モノレール「玉川上水駅」・「桜街道駅」より徒歩15分 西武バス：JR中央線「立川駅」より立川駅北口⇒東大和市駅行（約20分）	関東会 ●HP：https://www.jpaa-kanto.jp/ 【常設相談室（霞が関）】 ●月〜金/10：00〜12：00　14：00〜16：00 　木「著作権相談室」14：00〜16：00 ●Web予約推奨 https://jpaa-soudan.jp/ ●03−3519−2707（予約時間　9：00〜17：00） 〒100−0013東京都千代田区霞が関3−4−2 弁理士会館1階 【東大和会場（多摩地域）】 【立川会場】 ●曜日確認/14：00〜16：00 ●03−3519−2751（予約時間　9：00〜17：00） 東大和会場の相談時間1回50分 【東大和会場（多摩地域）】

	【立川会場】 JR立川駅、多摩モノレール立川北駅 【町田会場】 小田急線町田駅から徒歩５分、JR横浜線町田駅から徒歩８分	BusiNest内会議室 東京都東大和市桜が丘2-137-5 中小企業大学校東京校　東大和寮３階 TEL：042-565-1195 【立川会場】 たましん事業支援センター（Winセンター） 〒190-0012立川市曙町２-８-18 東京建物ファーレ立川ビル1F 【町田会場】 ●曜日確認月１回先着３名 ●Web予約 https://mbda.jp/first-step/patent/ 町田会場の相談時間１回50分 町田新産業創造センター 〒194-0021東京都町田市中町１-４-2
東海会	●052-211-3110 地下鉄「伏見」駅５番出口から徒歩約５分	●月～金/13：00～16：00 ●052-211-3110 ●HP：http://www.jpaa-tokai.jp/ 〒460-0008 愛知県名古屋市中区栄２-10-19 名古屋商工会議所ビル８階
関西会	【大阪会場】 JR環状線・京都線・神戸線『大阪駅』より徒歩10分、JR東西線『北新地駅』より徒歩８分、地下鉄四つ橋線『西梅田駅』より徒歩８分、地下鉄御堂筋線『梅田駅』より徒歩10分、地下鉄谷町線『東梅田駅』より徒歩10分、阪急線『梅田駅』より徒歩12分、阪神線『梅田駅』より徒歩10分 ※地下道からお越しの方Osaka-GardenCity番号「6-30」を目印にお越しください。 【舞鶴商工会議所（京都府北部）】	●HP：http://www.kjpaa.jp/ 【大阪会場】 ●月～金/10：00～12：00　14：00～16：00 ●Web予約推奨 https://jpaa-soudan-kansai.jp/ ●06-6453-8200（予約時間　9：00～18：00） ●HP：http://www.kjpaa.jp/ 〒530-0001大阪市北区梅田３丁目３番20号 明治安田生命大阪梅田ビル25階 【京都地区】 ●月～金/10：00～12：00　13：00～17：00 ●予約はweb又はFAX http://www.kjpaa.jp/wp/pdf/district/kyoto_soudan2016.pdf 【舞鶴商工会議所（京都府北部）】 舞鶴商工会議所京都府舞鶴市字浜66

	舞鶴商工会議所は舞鶴商工観光センター3階 【オフィス-ワン四条烏丸（京都府中部）】 「四条室町」交差点を南に約10m。 【京田辺市商工会（京都府南部）】	【担当弁理士の事務所】 【オフィス-ワン四条烏丸】 OFFICE-ONE Shijo Karasuma 京都市下京区鶏鉾町480 【京田辺市商工会（京都府南部）】 京田辺市田辺中央4丁目3-3
中国会	広島電鉄八丁堀駅から徒歩1分、1階は中国銀行、百貨店【福屋】の向かい側	●水/13：00～15：00 ●HP：https://www.jpaa-chugoku.jp/ ●082-224-3944 〒730-0013広島県広島市中区八丁堀15-6 広島ちゅうぎんビル4階 【大阪会場】 ●月～金/10：00～12：00　14：00～16：00 ●Web予約推奨 https://jpaa-soudan-kansai.jp/ ●06-6453-8200（予約時間　9：00～18：00） ●HP：http://www.kjpaa.jp/ 〒530-0001大阪市北区梅田3丁目3番20号 　明治安田生命大阪梅田ビル25階
四国会	【香川県会場】 JR高松駅から徒歩2分、琴電高松築港駅から徒歩3分 【四国中央商工会議所】 JR川之江駅より車約5分（徒歩約15分） 【宇和島商工会議所】 JR宇和島駅から徒歩11分 【徳島県立工業技術センター】 JR徳島駅下車　タクシー利用（約20分）、JR文化の森駅下車、徒歩約20分、JR高架をくぐり	●HP：http://jpaa-shikoku.jp/ 詳細は相談サイト参照 http://jpaa-shikoku.jp/index.php/soudan 【香川県会場】 ●087-822-9310　前日までに予約 〒760-0019 日本弁理士会四国会 香川県高松市サンポート2-1 高松シンボルタワー・サンポートビジネススクエア2階 　（香川県パスポートセンター向かい） 【四国中央商工会議所】 ●0896-58-3530　前日までに予約 〒799-0111 愛媛県四国中央市金生町下分865号

	抜け国道55線まで東進、国道55線を横断、二軒屋橋を南進し、三軒屋外付近の案内板を左折	四国中央市川之江庁舎３階
		【宇和島商工会議所】
		●0895-22-5555　前日までに予約
		〒796-0048
		愛媛県宇和島市丸之内１丁目３-24
	【高知県発明協会】	【徳島県立工業技術センター】
	高知県工業技術センター内４階	●088-669-0158　前日までに予約
		徳島県徳島市雑賀町西開11-2
		【高知県発明協会】
		●087-822-9310　前日までに予約
		〒781-5101　高知県高知市布師田3992-3
九州会		●HP：http://www.jpaa-kyusyu.jp/
		●092-415-1139
		●詳細は相談サイト参照
		http://www.sendanren.jp/consul.html

2019年11月時点　各会HP、ポスターより著者作成

　無料相談会の使い方の例として、関東会のホームページを見てみましょう。以下が関東会のホームページ画面です。相談日に在席している弁理士の名前を知ることができます。さらに弁理士名をクリックすると、所属先の特許事務所名や、手掛けている専門分野が表示されます。色々な弁理士がいますね！

例　日本弁理士会　関東会　知財相談システム

日付選択

05月 2019 ◀ ▶

特許・実用　意匠　商標　著作権　全て対応可能

※毎週木曜日の午後は著作権相談室を開設しています（緑に色がけしている日です）

	12(日)	13(月)	14(火)	15(水)	16(木)	18(土)
AM		早川利明【特許・実用新案｜意匠】	阪中剛史【特許・実用新案｜商標】	山口幸久【特許・実用新案｜商標】	草部光司【特許・実用新案｜商標】	田久保泰夫【特許・実用新案｜意匠｜商標】
		池田直文【特許・実用新案｜意匠｜商標｜著作権】	松本浩一郎【特許・実用新案｜意匠｜商標｜著作権】	越場洋【意匠｜商標｜著作権】	黒田雄一【特許・実用新案｜意匠｜商標】	宮部岳志【特許・実用新案｜意匠｜商標｜著作権】
PM		橋本京子【意匠｜商標】	小金澤有希【特許・実用新案】	生富成一【特許・実用新案｜意匠｜商標】	竹山宏明【特許・実用新案｜意匠｜商標｜著作権】	竹原尚彦【特許・実用新案｜意匠｜商標】
		矢上礼宣【特許・実用新案｜意匠｜商標】	中村佳正【特許・実用新案｜意匠｜商標｜著作権】	土田幸広【特許・実用新案｜著作権】	柴大介【特許・実用新案｜意匠｜商標｜著作権】	仁科勝史【特許・実用新案｜意匠｜商標】
	19(日)	20(月)	21(火)	22(水)	23(木)	24(金) 25(土)
AM		浅野勝美【特許・実用新案｜商標】	戸塚朋之【特許・実用新案｜意匠｜商標】	三谷祥子【特許・実用新案】	小池文雄【特許・実用新案】	駒井慎二【特許・実用新案｜商標】
		高橋洋平【特許・実用新案｜意匠｜商標｜著作権】	山口康明【特許・実用新案｜意匠｜商標｜著作権】	湯山幸夫【特許・実用新案｜意匠｜商標】	津田宏二【特許・実用新案｜意匠｜商標】	相澤聡【特許・実用新案｜意匠｜商標｜著作権】

マイスター特許事務所
■技術分野
電気・機械・ソフト・ビジモデ

6. 自社に合った弁理士の選び方

　弁理士はみんな同じなのでしょうか？例えば医療のプロである医師をイメージするとわかりやすいかもしれませんが、外科・内科・眼科・麻酔科・美容……と様々な専門分野があり、また治療ではなく検診に特化した分野もあります。同じように、知財のプロである弁理士も、それぞれ専門分野や注力している業務があります。病院や医師を選ぶ時のように、自社の命運を預けるわけですから、特許事務所に行く時も、みなさんの目的に合った弁理士を見つけたいですよね。

　そこで以下、判断の基礎になる、弁理士の専門分野・業務分野について説明し、簡単に分類して表にしました。

弁理士の専門分野について

　弁理士の専門分野としては、「特許」「商標」「意匠」「その他」があります。特許弁理士、商標弁理士、意匠弁理士と呼ぶこともたまにあります。特許はさらに電気・機械・ソフト・化学・バイオ等専門分野に細分化していきます。（弁理士と特許事務所についての詳細は第7章を参照）。「その他」としているものは、特許庁に対する手続きが不要な分野です。

　特許弁理士には特許しか扱わない弁理士、商標・意匠も手掛ける弁理士がいます。商標弁理士には商標しか扱わない弁理士、特許・意匠も手掛ける弁理士がいます。従って弁理士は、特許系と商標系に大きく分かれるといって良いでしょう。意匠は特許や商標に比べて出願件数自体が少ないために、意匠だけを扱う弁理士は少なめです。

弁理士の業務分野について

　弁理士の業務分野は以下の通りで、弁理士法によって定められています。具体的には第3～6章で解説します。

① 「権利化業務」
　　出願書類を作成して特許庁に出願し（出願書類作成業務）、特許庁の審査官に対して意見書・補正書による応答等（中間処理）を通して、権利取得を

目指す業務です。弁理士の伝統的かつメインの業務となります。（詳しくは第3〜5章参照）

② 「外国出願関連業務」
　外国の特許・実用新案・商標・意匠の権利取得に関する業務です。（詳しくは第2章10.を参照）

③ 「紛争処理業務」
　権利トラブル対応業務です。この業務は主に弁護士と組んで行われます。（詳しくは第6章参照）

④ 「知財コンサルタント業務」
　知財全般の相談業務です。（詳しくは第2章参照）

　特に③の「紛争処理業務」は、付記弁理士と呼ばれる、特定侵害訴訟代理業務試験に合格し、日本弁理士会より弁理士登録にその旨の付記を受けた弁理士が好ましいと思われます。また、④の「知財コンサル業務」ですが、企業の事業戦略策定に必要な知財戦略のアドバイスを行うといった高度な内容については、知財に加えて、技術経営の経験や知識を要するため、対応できる弁理士は自ずと限られてきます。従って、以下に弁理士を選ぶ上での判断ポイントと、それらを調べる事のできる公開情報元をまとめました。公開情報元である「弁理士ナビ」の使い方は次に説明します。

弁理士ナビの使い方

　弁理士を探すためのツールに「弁理士ナビ」（URL：http://www.benrishi-navi.com/）という弁理士会の弁理士紹介サイトがあります。
　この「弁理士ナビ」には、弁理士法違反による弁理士資格停止情報も表示されています。各自で運営されている特許事務所のホームページでは、そうした情報が反映されていない場合があるので、こちらで確認すると安心です。
　「弁理ナビ」のスタート画面から「地域」を指定して、あなたの所在地に近い特許事務所・弁理士を探し、「専門分野」や「取り扱い業務」の候補を絞ることができます。他にも様々な検索項目があります。一番最後に参考としてマ

表　専門分類・業務分類からみる弁理士の選び方のコツ

専門分類			
法域	技術分野	判断ポイント（例）	公開情報元
特許 実用新案	・電気 ・機械 ・ソフト ・化学 ・バイオ ・他	・修士、博士専攻分野 ・論文、著作内容 ・経歴等 ・資格 　（情報処理技術者、薬剤師、測量士等） ・出願内容と実績 ・顧客先 ・弁理士会継続研修講習歴（弁理士ナ 　ビより閲覧可能）	・弁理士ナビ ・J-PlatPat ・特許事務所 　ホームペー 　ジ
意匠	意匠	・出願内容と実績 ・顧客先 ・弁理士会継続研修講習歴（弁理士ナ 　ビより閲覧可能）	
商標	商標		
その他	・著作権 ・技術上の秘密 ・不正競争防止法 ・種苗法(品種登録)	・取り扱い実績等 ・弁理士会継続研修講習歴（弁理士ナ 　ビより閲覧可能）	・弁理士ナビ ・特許事務所 　ホームペー 　ジ

業務分類		
業務	判断ポイント（例）	公開情報元
権利化業務 ※1	・上記の専門分類項目と同じ	・弁理士ナビ ・J-PlatPat ・特許事務所 　ホームページ
外国出願関連業務 ※2	・上記の専門分類項目と同じ ・国際弁理士連盟（FICPI）員 ・国際知的財産保護協会（AIPPI）会員 ・国際商標協会（INTA）会員 ・米国知的財産権法協会（AIPLA）会員 ・アジア弁理士会（APPA）会員	
紛争処理業務 ※3	・上記の専門分類項目と同じ ・付記弁理士 ・訴訟/仲裁/調停経験	

知財コンサル業務 ※4	・上記の専門分類項目と同じ ・「知財総合支援窓口」等の公的準公的活動実績 ・事業の知財戦略立案経験 ・知財紛争処理経験 ・規格/標準化業務経験 ・TLO経験 ・MOT（技術経営学修士） ・MBA（経営学修士） ・AIPE認定知的財産アナリスト ・中小企業診断士

※弁理士業務における弁理士法根拠条文
※1：4条1項（出願代理・鑑定）、75条（弁理士の独占業務）
※2：4条3項2号（外国出願関連業務）
※3：4条2項1号(輸入差止手続代理)、　4条2項2号(裁判外紛争解決手続代理)、
　　　4条2項3号（上記の相談）、5条（補佐人業務）、6条（訴訟代理業務・特
　　　定行政訴訟）、6条の2（訴訟代理業務・特定侵害訴訟）
※4：4条3項（取引関連業務）

ルチ検索（弁理士）の検索項目の一部を載せましたが、その項目、情報量の多さに、初めての方はかえって戸惑ってしまうかもしれません。
　そこでポイントとしては、「中小・ベンチャー企業に対応する意思のある」という項目に着目してください。大企業対応のみの弁理士・特許事務所もあるからです。
　それでは、試しに、特許庁のある東京都「千代田区」にある、「中小・ベンチャー支援意思有」の特許事務所に、「商標相談」をしたい、といった目的で「弁理士ナビ」検索してみましょう。以下、画面を用いて説明します。

① 「弁理士ナビ」スタート画面。右上アイコンの「地域」を選択。

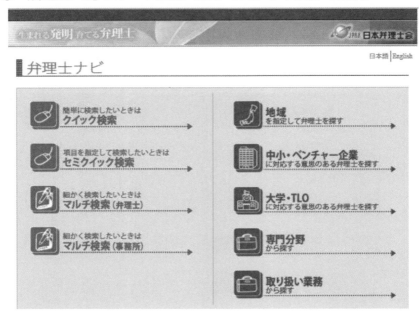

② 「関東」＞「東京23区」＞「千代田区」を選択。

③　画面下の真中のアイコン「もう少し絞り込む」を選択。

④　「商標相談」をドロップダウンリストから選び、画面下の右のアイコン「マルチ検索に移行する」を選択。

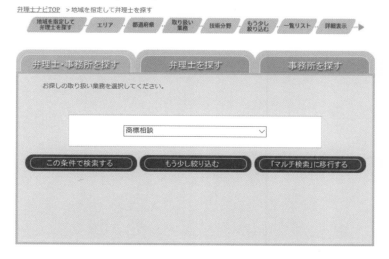

⑤ 「事務所を探す」を選択

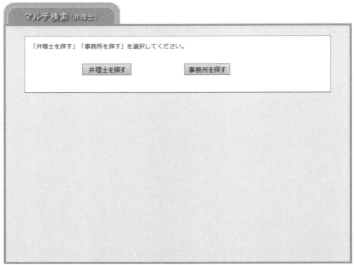

⑥ 画面を下にスクロールして「中小・ベンチャー企業支援有」をチェックして検索。

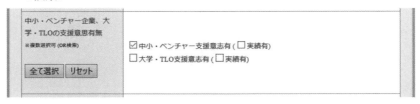

⑦　**21件表示されました。**
　地域（昇順）で並べると、最寄りの特許事務所を見つけ易くなります。

弁理士ナビTOP　＞マルチ検索（事務所）

　右欄の「詳細」をクリックすると、特許事務所の詳細な情報が分かります。殆ど情報が記載されていない事務所も、たくさん情報を開示している特許事務所もあり千差万別です。筆者の経験からすると、中小・ベンチャー企業の関係者に「見られること」を考えて丁寧に記載されている特許事務所は、相談も丁寧で仕事も的確です。さらに特許事務所の情報から所属弁理士の情報も見ることができ、そこには弁理士会の「継続研修の受講歴」が公開されており、その弁理士がどういった事に興味を持ち、注力し、研鑽を積まれているのかもわかります。特許事務所のホームページが記載されていれば、特許事務所の雰囲気もわかるでしょう。

　参考まで、以下は「マルチ検索（弁理士）」で検索できる項目の一部です。

マルチ検索弁理士の検索項目の一例	
検索記載項目	記載、有無、キーワード例など
名前 ヨミガナ	[　　　　　　　] ※入力例：弁理士太郎
事務所名	[　　　　　　　] ※部分一致
事務所所在地	[　　　　　　　]
通算登録期間	[▼]年 ---月---[▼]月 ---日---[▼]日
特定侵害訴訟代理業務の付記の有無	☐有
専門分野	特許・実用新案 意匠 商標 外国特許 外国意匠系 外国商標系 関税法 回路配置 特定不正競争 営業秘密 著作権 種苗法 契約関係 争訟 技術標準 データ保護 など
技術分野 特に得意な技術分野	ビジネスモデル 生物 高分子 有機化学 無機化学 計測 光学 情報通信機器 民生電気製品 薬学 バイオ 電気化学 医療・福祉 プラント 繊維・紙製品 飲料 食品 農水産 非金属材料 金属 電気機器 電気材料 半導体 運輸 ナノ技術 マイクロ構造技術 一般機械 生産・組立機械 精密機械 材料加工機械 事務機器 生活用品 熱機関 物流 電気・電子回路 通信 情報処理 フィンテック関連技術 ソフト コンピューター（ハード） メカトロ 制御 土木建築 包装容器 品種登録 など
弁理士の取扱い業務	発明相談 商標相談 意匠相談 審査・審判手続に関する相談 発明・商標・意匠・審査・審判手続以外の相談 先行技術調査 先願先登録調査 国内出願 国外出願 知財価値評価 登録業務 年金管理 ライセンス・契約 講師・社内教育 知的財産戦略コンサルティング その他コンサルティング 鑑定 権利侵害判断のための調査（特許・実用新案） 権利侵害判断のための調査（意匠）権利侵害判断のための調査（商標）権利侵害判断のための調査 不正競争など
中小・ベンチャー企業、大学・TLOの支援意思有無	☐中小・ベンチャー支援意志有 ☐実績有 ☐大学・TLO支援意志有 ☑実績有
得意な外国語	英語 フランス語 スペイン語 ドイツ語 ロシア語 イタリア語 中国語 韓国語 など
ホームページ	☐有

コラム

旧字にみる「弁理士」と「弁護士」の違い

　「弁理士」と「弁護士」は共に「弁」という漢字を用いていますが、旧字ではそれぞれ、「辨理士」と「辯護士」という漢字が当てられていました。

　この辨理士（弁理士）の「辨」の字ですが、中央にある「リ」は「刀」が由来で、「区別する、道理を辨える（わきまえる＝理解する）」という意味があります。一方、辯護士（弁護士）の「辯」の字ですが、中央にある「口」は"くち"であり、「論じる、語る、辯ずる（べんする）」という意味があります。

　つまり、弁理士は、物事を区別し万物の道理である自然法則を理解することを本質とする「士（侍）」であり、弁護士は、法廷で弁舌を奮い議論することを本質とする「士（侍）」と言えます。

　知財訴訟において、弁理士が作成した権利書面に基づき、弁護士が法廷で論争する場面はまさに両者の違いを感じさせられます。職業の本質が異なることを、明治時代に和製漢語を創られた方は捉えられており、見事ですね。

第**2**章　弁理士にお任せあれ

1. 弁理士の仕事

　弁理士が実際にどのような仕事をしているのかを以下にざっと挙げます。**みなさんの関与が大きい部分は★を付けました**。特許・商標・意匠のどれに関わるかで若干の違いはありますが、概ね理解いただけるでしょう。

《弁理士の仕事Ⅰ−権利化関連》

・あなたの知的財産の権利化相談　★
・あなたの知的財産の新規性等の調査　★
・あなたの知的財産を権利化するための出願書類作成
・特許庁へ出願書類を提出
・特許庁への出願審査請求
・審査結果の受理と出願人への通知
・必要に応じて出願書類の補正＆出願戦略の練り直し　★
・生み出した知的財産の権利成立の通知
・年金支払いや更新手続き等権利維持手続きの管理

　まずは権利化に関係することです。みなさんの特許・商標・意匠について特許庁へ出願して知的財産権とするまでの仕事です。

《弁理士の仕事Ⅱ-紛争解決関連》

・証拠集め（過去の出願書類の調査から商品カタログに至るまで）のサポート　★
・知的財産権を侵害した者への警告の対応検討　★
・侵害が疑わしい製品やサービスの侵害鑑定
・自社の知的財産権に関する有効性鑑定
・侵害訴訟で保佐人・代理人（付記弁理士）となる
・審決等取消訴訟で代理人となる
・税関に知的財産権の侵害が疑わしい輸入品が入ったときに輸入差し止めを申し立てる
・裁判外紛争解決（ADR）手続における代理人・調停人・仲裁人となる
・判決までいかず和解する場合は和解条件の相談＆連絡役　★
・判決または和解の結果に応じた後処理

　知的財産権を無事に取得することができても他社がそれに対して異を唱えてきたり、時には相手の侵害に対して戦うことになります。弁理士はみなさんが紛争に遭われた際も解決のために多くの仕事をしています。

《弁理士の仕事Ⅲ-コンサルティング関連》

・他社の出願動向調査
・海外出願、海外進出のサポート
・知的財産権の売買やライセンス交渉、契約のサポート
・知的財産戦略立案のサポート
・知的財産権戦略と標準化戦略（オープン＆クローズ戦略）のサポート
・知的財産権取得の減免制度や補助金＆助成金活用に関するアドバイス
・知的財産権の管理体制見直しのためのアドバイス
・社内規定、職務発明規定の知財条項作成サポート
・経営層や従業員への知財研修

　弁理士は特許・商標・意匠等の知的財産権の知識や業界の動向に通じているので、みなさんのビジネスに対して知的財産の創出・活用の観点からコンサルティングを行うことができます。

　弁理士の仕事内容は以上となります。これまでに挙げた中でみなさんと関わりが深いものこそが「弁理士にお任せあれ」につながります。では、以下にわかりやすく挙げてみましょう。

《弁理士にお任せあれリスト》

・みなさんの産み出した知的財産が本当に新しいものか調査を依頼する
・その知的財産を権利化したい場合に出願書類の作成サポートを依頼する
・出願書類の文面が事業分野をカバーする知的財産権となるよう判断＆アドバイスを依頼する
・特許庁への手続きの代理を依頼する
・審査が通らなかったときの対策を依頼する
・侵害の疑わしい製品について、鑑定を依頼する
・みなさんが取得した知的財産権が侵害されたときに、侵害した者へ警告対応を含め検討を依頼する
・訴訟時の先行技術文献の証拠集め、営業実績や広告販売の証拠集め等について相談＆依頼する
・訴訟時の和解条件や判決に至るまでの戦略について相談する
・他者の知的財産権の取得状況の調査を依頼する。必要に応じて侵害の疑わしい製品の外部分析依頼もする
・知的財産の海外出願や海外展開についてのサポートを依頼する
・知的財産権の売買やライセンス交渉等ビジネスへの活用と戦略についてサポートを依頼する
・知的財産の管理コストや人員等の体制を見直すためのアドバイスを依頼する
・社内規定、職務発明規定を創業時に作成したり、後に改定したりするときのサポートを依頼する
・経営層へ知財リスク対策セミナー（分野動向、海外動向、重大判例＆事例、法や規制改正の動向や解説）を依頼する
・全社員への知財教育（知財創出、ノウハウ・秘密情報漏洩防止等）を依頼する

　みなさんはこれだけ多くの項目に関して弁理士を活用できるわけです。三人寄れば文殊の知恵という言葉がありますが、知的財産の専門家として幅広く動

向を掴んでいる弁理士を活用しないのは知的財産を創出・活用・展開していく上で至極もったいないことだと思います。

　この章では上記「弁理士にお任せあれリスト」の中で、特許・商標・意匠それぞれの知的財産権に共通した弁理士に依頼できることついて詳しく述べていきます。

2. 特許庁との手続きの代理

　弁理士にしかできない代理人業務の筆頭は特許庁への出願手続きです。みなさんが弁理士と協力して作成した出願書類を特許庁へ代理で手続きをするのは弁理士の独占業務なのです。この出願手続きは法的な拘束力をもつ手続きのため厳格かつ厳密です。万民が法の下に平等に均しく手続きを受けるために、法で定められた難関国家試験をくぐり抜けた弁理士が、同様に厳格に法で定められた特許庁の審査官との間で、法で定められた手続き手法に基づいて適正に業務を行っているのです。

　堅苦しく書きましたが、つまりは出願の時等に特許庁への書類提出が必要になったら弁理士にお願いすれば良いわけです。もちろん、弁理士は出願時の書類作成＆提出だけでなく、権利化に導くための書類作成＆提出、権利化後は、権利の消滅を防ぎ維持し続けるための書類作成＆提出等もしてくれます。

　特許庁との手続きで弁理士に代行を依頼するものを以下に挙げます。

《特許庁との手続き業務》

　以下は弁理士が特許庁に対して行う手続きのうちの一部です。

表　弁理士が特許庁に対して行う手続き（一部）

・出願時の各種出願書類の作成＆提出
・新規性喪失の例外の適用を受ける場合の証明書の作成＆提出
・優先権を主張する場合の証明書の作成＆提出
・知的財産の権利化に導く補正書や意見書の作成＆提出
・出願を取り下げる場合の書面の作成＆提出
・出願人の名義変更や社名・住所変更の作成＆届出
・出願審査を請求する書面の作成＆提出
・早期審査を受けるための事情説明書の作成＆提出
・個人や中小ベンチャー企業等を対象とした手数料の軽減又は免除を受ける場合の申請書の作成＆提出
・却下処分に対する不服申し立て手続き
・登録料納付書の提出の作成＆提出
・商標権の存続期間更新登録のための申請書の作成＆提出
・知的財産権の譲渡、相続、合併等に伴う移転登録申請書の作成＆提出
・弁理士の受任、辞任、解任、変更等に関する届出の作成＆提出

3. あなたの権利を広く取れるようサポート

　みなさんが思いついた特許・商標・意匠を出願書類の形にする際に、弁理士は幅広い権利を取れるようにサポートして文面を修正します。例えば特許出願をするには、特許発明の技術的範囲を確定する「特許請求の範囲」という書面に「請求項」（クレームとも呼ぶ）を記載します。この「請求項」の書き方ひとつで手中に収めることができる権利の範囲は大きく変わります。詳細は第3章の特許を取るときの弁理士の使い方で説明しますが、初めて出願書類を書く時はこれまで何気なく使っている日本語をこんなにも注意を払って表現しなけ

ればいけないのかと思うでしょう。そんな時に弁理士は請求項を何度も書いてきた経験を活かし、みなさんの知的財産の権利が少しでも拡がるようにアドバイスを提供してくれることでしょう。

　簡単な例え話をすると、断面が円い鉛筆しかない状況だったとして、円い鉛筆では転がってしまうという問題があり、そこで発明として転がらない六角鉛筆を考えたとします。「断面が六角形である鉛筆」と特許請求の範囲に書くと断面六角形のみに権利範囲が限定されてしまいます。発明者はそこで満足してしまうかもしれませんが、弁理士はここから更に思考を拡げていきます。発明の目的が「転がらない」であれば、六角形にこだわる必要はなく、三角形でも五角形でも良く、そうであれば、「断面が多角形である鉛筆」という表現が良いように思われます。しかし、そうすると半円等は含まれないので、「周囲に平坦面を有する鉛筆」という書き方なら、断面が六角形である鉛筆と書くより権利範囲が広がると考えます。

　更に進んで、それでは「平坦面」にこだわる必要はあるのだろうかと考え、例えば断面楕円形も含めるよう「軸心からの距離が一定でない周面を持つ鉛筆」や、さらに断面が円形で重心をずらしたようなものも含めるよう「重心からの距離が一定でない周面を持つ鉛筆」も考えられるので、先ほどの平坦面を有する、という書き方では、これらの鉛筆は権利をカバーできない、といったように、「発明の本質」を捉え、「転がらない」という技術的思想をどう具体的に文言で表現して権利にしようかということを、発明者と共に考えていきます。

　また弁理士は、事業を考えて権利範囲を考えます。例えば、シャープペンシルの発明をした場合で、将来的に替え芯（消耗品）も含めて事業利益を考えて

いる場合は、替え芯も含めて権利が確保できるように文言を検討します。これ
は特許のみではありません。商標や意匠においても弁理士は少しでも権利範囲
を拡げられるよう考えるのです。この拡げ方や単語の選び方にはノウハウが欠
かせないため、最初のうちは弁理士と共に頭を捻るのがよいでしょう。ちなみ
に、特許請求の範囲には、請求項 1、請求項 2、請求項 3・・・等のように発
明を段階的に記載することができます。そのため弁理士はチャレンジとして請
求項 1 は広めの権利で出願をし、審査官から受け取った拒絶理由通知を見て、
下位の請求項に落とし込んだり、明細書の記載に基づいて限定したりして、必
要に応じて権利範囲を絞っていきます。このようにすることで、権利範囲をギ
リギリまで広く取れるようにするのです。弁理士の腕の見せ所であり、知的財
産の権利化プロセスの肝となるところなので、ぜひとも弁理士を上手に使いこ
なしてください。

4.　弁理士は補助金制度などの知財支援情報を持っている

　みなさんのように新たに特許・商標・意匠などの知的財産を創出する方々を日
本の国も支援しています。特許庁主催での**無料の知財相談セミナー**を始めとし
て、**個人や中小企業、スタートアップ企業支援のための手数料減免制度や各種
助成金・補助金の制度**を打ち出しています。弁理士は国や地方自治体の知財施
策の動きを独自のネットワークにより常にチェックしていますので、新たに知
的財産権獲得を目指している方への**支援制度を紹介**してもらうことができます。
　通常の弁理士との付き合いでは、知的財産権を創出・獲得するための手続き

に関する付き合いとなるため頻繁に会っているわけではないでしょう。この場合、支援制度の情報はタイミングが合わないと申込み時期から外れていたりするため教えてもらえないかもしれません。また、初めて助成金、補助金制度を利用するにあたっては、知的財産に関する申請書類の書き方に戸惑うことも多いでしょう。そこで顧問契約です。**顧問契約を締結して、かかりつけ弁理士としてパートナーになってもらうことで弁理士と密接にコンタクトを取り合う関係を築くことができます。**そうすると、弁理士が見つけた**新規の減免・助成金・補助金制度や申請書の書き方、法改正や重大判決がもたらす実務に影響するアドバイス、無料セミナーの情報などを随時提供してもらえることになります。スピードとタイミングはビジネスにとって非常に大切**ですから、情報を常にチェックしている顧問弁理士はみなさんの資金繰りにとっても有益な存在となるでしょう。

　以下はご参考までに現在・過去の支援制度の一例です。年によって募集内容や募集時期が異なります。また、東京都の支援を例に載せてありますが、みなさんが支援対象となる都道府県にも支援情報があります。みなさんが利用できそうなものがあるのではないでしょうか。

　弁理士は弁理士会の北海道会・東北会・北陸会・関東会・東海会・関西会・中国会・四国会・九州会のいずれかに属し、**地元の地方自治体の各種制度や情報に長けており、また他の士業と連携した地域産業振興ネットワークを持っている弁理士もいます**ので、すぐに相談できる近場の特許事務所を選ぶのも一つの選択肢です。

知的財産権の支援・助成金・補助金等のサイト

■日本弁理士会

「知的財産権の支援活動」
https://www.jpaa.or.jp/activity/support/

JPAA 日本弁理士会　　　ENGLISH　　会員専用ページ

弁理士とは　　　知的財産権とは　　弁理士に依頼するには　　知的財産の情報　　日本弁理士会につ

HOME ＞ 日本弁理士会の活動 ＞ 知的財産の支援ご案内

知的財産の支援ご案内

日本弁理士会では、無料相談会を開催するとともに、
講師・相談員の派遣等の支援サービスを提供しております。

■特許庁

「**IP BASE　スタートアップのための知財コミュニティポータルサイト**」

https://www.jpo.go.jp/support/startup/index.html

●国内外ベンチャー企業の知的財産戦略事例集
"IP Strategies for Startups"
●オープンイノベーションのための知財ベストプラクティス集
"IP Open Innovation"
●知的財産デュー・デリジェンスの標準手順書 "SKIPDD"
●知財アクセラレーションプログラム（知財メンタリングチームを一定期間派遣）

「中小企業のみなさまへ　知的財産権を事業に生かそう」

https://www.jpo.go.jp/support/chusho/index.html

- ● 海外展開の知財面からの支援
- ● 外国出願費用を補助
- ● 模倣品対策費用を補助（中小企業等海外侵害対策支援事業）
- ● 海外での係争費用を補助
- ● 知財保険の掛金を補助
- ● 海外法務支援
- ● 新興国等における海外知財情報の提供
- ● PCT国際出願にかかる手数料の軽減制度
- ● PCT国際出願にかかる手数料の交付金制度
- ● 模倣対策に関する情報の提供
- ● 海外知財訴訟リスク対策に関する情報の提供

■独立行政法人日本貿易振興機構（ジェトロ）

「支援サービス一覧　知財保護」

https://www.jetro.go.jp/services/list.html#h08

知財保護

商標、特許など知的財産権保護に役立つサービスを提供しています。

模倣品・海賊版被害相談窓口 無料
模倣品・海賊版問題でお困りの方のご相談を受け付けています。

中小企業等海外侵害対策支援事業
- 模倣品対策支援事業
  海外での知的財産権の侵害調査等にかかる費用の2/3を助成します。
- 防衛型侵害対策支援事業
  海外で知的財産権に係る係争に巻き込まれた際の係争費用の2/3を助成します。
- 冒認商標無効・取消係争支援事業
  海外で冒認商標を取り消すため自ら提起する係争活動に係る費用の2/3を助成します。

外国出願費用の助成（中小企業等外国出願支援事業）
外国出願にかかる費用の半額を助成します。

「地域団体商標」の国際展開支援
地域ブランドの海外展開を支援します。

在中国日系企業における営業秘密流出防止支援事業 無料
中国現地法人に専門家を派遣し、コンサルテーションや研修を行います。

● 模倣品・海賊版被害相談窓口　無料
● 中小企業等海外侵害対策支援事業
● 模倣品対策支援事業
● 防衛型侵害対策支援事業
● 冒認商標無効・取消係争支援事業
● 中小企業商標先行登録調査・相談　無料
● 外国出願費用の助成（中小企業等外国出願支援事業）
● 「地域団体商標」の国際展開支援
● 中国現地法人における営業秘密流出防止支援事業　無料

（例）中小企業等海外侵害対策支援事業（模倣品対策支援事業）
支援経費：海外で知的財産権の侵害を受けている中小企業等に対し、模倣品・海賊
　　　　　版の製造元や流通経路の特定、市場での販売状況等の現地調査を手配す
　　　　　るとともに、その調査及び一部の権利行使等にかかった経費の2/3（上
　　　　　限額：400万円）を支援。
支援内容：模倣品の製造元や流通経路等を把握するための侵害調査、調査結果に基
　　　　　づく、模倣品業者への警告文作成、行政摘発、取り締り。
　（特許権、実用新案権、意匠権については、中国のみ）。
調査結果に基づく、税関登録、税関差止請求等、模倣品販売ウェブサイトの削除申請

（例）中小企業等外国出願支援事業
支援経費：中小企業等の戦略的な外国出願を促進するため、外国への事業展開等を

　　　　計画している中小企業等に対して、基礎となる出願（特許、実用新案、
　　　　意匠、商標）と同内容の外国出願にかかる経費の半額を助成。
支援内容：外国特許庁等への納付出願料、代理人費用、翻訳費等（1中小企業者あ
　　　　たり300万円以内）

特許　150万円　上限
実用新案、意匠、商標　60万円　上限
冒認対策商標　30万円　上限

■東京都知的財産総合センター

「助成事業について」

https://www.tokyo-kosha.or.jp/chizai/josei/index.html

- 外国特許出願費用助成事業
- 外国実用新案出願費用助成事業
- 外国意匠出願費用助成事業
- 外国商標出願費用助成事業
- 外国侵害調査費用助成事業（外国での侵害対策（調査、鑑定、警告等）に要する費用の一部を助成）
- 特許調査費用助成事業（他社特許調査に要する費用の一部を助成）
- 外国著作権登録費用助成事業
- グローバルニッチトップ助成事業

（例）外国出願費用助成事業

支援経費：優れた技術等を有し、かつ、それらを海外において広く活用しようとする中小企業の方に対し、外国特許、実用新案、意匠、商標出願に要する費用の1／2（上限額：300万円）を支援。

支援内容：外国出願料、弁理士費用、翻訳料、先行技術調査費用、国際調査手数料、国際予備審査手数料等

（例）外国侵害調査費用助成事業

支援経費：外国における自社製品の模倣品・権利侵害について、事実確認調査、侵害品の鑑定、侵害先への警告等の対策や、外国で製造された模倣品の国内への輸入を阻止するための対策を行う中小企業者の方に対し、それらに要する経費の1／2（上限額：200万円）を支援。

支援内容：侵害調査費用、侵害品の鑑定費用、侵害先への警告費用、税関での輸入差止費用

● 特許調査費用助成事業

支援経費：明確な事業戦略を持つ中小企業者の方が、開発戦略策定等を目的に他社特許調査を依頼した場合、その要する経費の1／2（上限額：100万円）を支援。

支援内容：他社特許調査委託に要する経費

5. 知的財産の調査や鑑定を依頼する

　みなさんが新たなビジネスを始めるとき、意図せず特許・商標・意匠等の知的財産権を侵害する事態が発生しているかもしれません。また、知的財産権を取得しようとするときも、その知的財産権はすでに同業他社が保有しているかもしれません。そんなときに弁理士に**企画・開発中の製品やサービスが他社の知的財産権を侵害していないか調査や鑑定を依頼すること**ができます。

　みなさんがビジネスの当事者として業界に精通しているからといって知的財産権の侵害について的確に判断するのはとても難しいものです。なぜなら**知的財産の権利範囲は出願書類に記載されている言葉をどう法的に解釈するかで決まるからであり、その内容は多少なりとも専門的かつ法的な文面で書かれている**からです。その専門的な文面の法解釈に対してビジネス内容が侵害にあたるのかどうかが問題となります。その判断を下す裁判所でも当然、出願書類の法的解釈に基づいて判断するわけですから、専門的な文面を法的に解釈した上で

提言してくれるパートナーが必要になるわけです。

　そこで**知的財産権の専門家である弁理士**の出番です。特に新ビジネスを始める際には侵害を起こしやすい状況のため、弁理士に相談すると良いでしょう。調査を怠ると後に侵害訴訟により多大な負債を産み出す原因となります。ちなみにこの調査には様々な呼び名があり、侵害予防調査、FTO（Freedom to Operate Search）、クリアランス調査と呼んだりもします。

　また、調査において危険な権利が発見された場合、弁理士の法的見解である鑑定結果を得ることもできます。鑑定は、他社の権利との距離感を測り、見極めるものです。

　「孫子・謀攻編」の格言で、「彼を知り己を知れば百戦殆うからず」とは、敵と己の実情を知ることで百回戦っても敗れることがない、という意味ですが、己の実力を過大評価も過小評価もせずに知る、ということはなかなか難しいものです。調査により「周りの危険を察知」して、鑑定により「間合いを図る」ことで自社の弱みを客観的に知り、危険を回避することができます。孫子は更に「戦わずして勝つことが上策であり、戦って打ち破るのは次善の策である」とも述べています。これは知財戦略においてもそうで、訴訟をせずに勝つことが上策となります。知財戦略のプロである弁理士と組むことによりリスクの少ない確実な知財戦略を実施できるように備えましょう。

6. 権利活用や侵害対策について

　権利が侵害されたときにどのような対策をすれば良いかについてもアドバイスを求めることができます。これら知的財産権を取得できたからといって安心できるものではありません。現在では世界中で知的財産への知識や戦略が深まってきているため、**権利活用や権利侵害対策にも専門的な知識に基づいた戦略が必要になります。そこで弁理士の出番となります。**

　まず権利活用についてですが、詳細については特許、商標、意匠の章でそれぞれ述べますが、**商品化・サービス化へ結びつけるときに様々な工夫をされると思います。その工夫も追加して知的財産権を取得すると競争相手に対して優位な地位を築くことができます。**出願および審査の段階でも幅広く権利を取得されるように調査をおこない文言を練り上げていると思います。それでも商品・サービス開発を進めて時が経てば、ポジティブかネガティブかはともかく様々な新しい知見が得られ、商品化・サービス化戦略の微調整や修正が求められる場合があります。そのときには弁理士と相談して追加で出願をするのも良いでしょう。戦略の細かい変更に対して、特にかかりつけの弁理士がいるとみなさんの事情もよく把握しているでしょうから、相談すれば良きアドバイスがもらえることになります。

　次に無事に権利化して商品化・サービス化まで進めているとライバルも同じジャンルの商品・サービスを開発してきます。その商品・サービスの中にはもしかしたらみなさんが取得した知的財産権が無断で使用されているかもしれません。このような**権利侵害が発生した場合や、まだ侵害か疑わしい段階からでも、どのような手順で対策をとっていけばよいかを弁理士に相談すると良いで**しょう。もし権利侵害が明らかで、相手から反撃攻勢を受けても、受けて立てる、と判断し準備を終えたならば、弁理士を通じてライバル先へ警告書を出すことによりみなさんの知的財産を使わせないようにすることができます。これで相手が使用を止めればよいですが、それでも使用を中止しない場合は裁判所を通じて差止請求の裁判を起こすことになります。この裁判所への手続きも弁理士の助力を求めることができます。差止請求が認められて相手に使用中止の命令が出た際に、もし相手がみなさんの知的財産で既に利益を得ている場合や利益を損ねている場合には損害賠償請求もできます。

　裁判の訴訟戦術は弁護士の範疇ですが、訴訟の争点となる侵害の判断を行う鑑定は弁理士の範疇です。**実際に争点となる知的財産権の権利書を作成した弁理士であれば、権利に至るまでの特許庁での経緯や当該分野での専門技術知識を把握しています。**特に特許の場合、多くの弁理士は理系出身で大学院やメーカーでの製造や研究開発経験があり、技術的範囲の法的解釈について有効な論証を練ったり、駆け引きとなる技術を見極めたりします。つまり**裁判の行方も弁理士次第**です。また、補佐人となる他、付記弁理士[1]と呼ばれる資格を満たした弁理士の場合は特定侵害訴訟[2]の場合、弁護士と共同で訴訟を代理することができます。

　このように、みなさんの産み出した**知的財産を権利化するまでが弁理士の出番ではなく、知的財産の権利化後もさらに弁理士と強固なタッグを組んで、権利の維持管理、権利活用による資産効率化、特許・意匠・商標を組み合わせた知的財産権に死角のない事業戦略の検討等、みなさんの事業を拡大していくこと**になるのです。

1　付記弁理士とは、特定侵害訴訟代理業務試験に合格し、日本弁理士会より弁理士登録にその旨の付記を受けた弁理士のこと。
2　「特定侵害訴訟」（弁理士法2条5項）とは、特許、実用新案、意匠、商標若しくは回路配置に関する権利の侵害又は「特定不正競争」
（弁理士法2条4項）による営業上の利益の侵害に係る訴訟のこと。

7. 他社の動向を調査・分析し、経営判断の材料を提言（「IPランドスケープ」）

　特許・商標・意匠等知的財産権を取得するのはビジネスのためでしょう。そのビジネスには大勢のライバルがつきもので、そのライバルに差をつけるために知的財産権の取得をしなければならないとみなさんは考えているはずです。その考え方はみなさんもライバルも同じです。ですから新しいビジネスに取り組む際には、特許・商標・意匠をセットにして計画的・戦略的に取得する動きを見せるはずです。さらに業績が伸びている業界があるならより多くのライバルが参入し、多くの知的財産が出願されているはずです。

　特許・商標・意匠の知的財産が出願されている状況、その他の技術情報等を詳細に調査し、各社の動向を分析し、自社の現状と将来の市場ポジションを見極め、経営判断に用いる手法は「IPランドスケープ」と呼ばれています。

　例えば近年、バーチャルリアリティ（VR）の技術が進んできてベンチャー企業の注目を集めていますが、そのVRに用いられるヘッドマウントディスプレイを例にするなら、ヘッドマウンドディスプレイを製作するときに用いられている原理・技術は特許で、ヘッドマウントディスプレイの商品名やロゴマークは商標で、そしてその形状のデザインは意匠で、といった一連の知的財産を揃って取得する動きを見せると予想されます。さらに多くのライバルが出願している場合は、各々が差別化をはかっていると思われるので、特許の出願件数からA社は発光ダイオード（LED）を使いそうだとかB社は有機ELを使いそうなど製造に用いる技術の大枠を捉えることもできます。

　この知的財産権の動向調査・分析を弁理士（サーチャーも含めたチームの場合も）はサポートしてくれます。弁理士を使いこなすことによって、みなさんが確保すべき知的財産権と手を組むべき＆入手すべき知的財産権を調べ上げて、ライバルとなる知的財産保有者に差をつけてビジネスを有利に進めてください。

8. 特許庁における出願料・登録料等について

　以下は、特許庁における特許権・実用新案権・意匠権・商標権（産業財産権と呼びます）の関係料金一覧です。

(1)　出願料

　出願時にかかる費用です。ちなみに実用新案は無審査登録なので、出願と同時に登録料（第1年から第3年分）も納付する必要があります。

特許出願	14,000円
実用新案登録出願	14,000円
意匠登録出願	16,000円
商標登録出願	3,400円＋（区分数×8,600円）

(2)　出願審査請求料

　特許出願は、審査をしてもらうために、出願審査請求＆審査請求料の納付が必要です。出願してから3年以内に出願審査請求をしなければ、出願はみなし取り下げになります。中小企業にとっては安くない支出です。特許にならなくても審査請求料は返還されません。出願から時間が経って出願価値に見合わないものになっている可能もあります。審査請求料および特許料ともに特許庁に

よる減免制度もありますので、無駄な支出を防ぐために、最適な費用設計を弁理士にご相談ください。

　なお、特許法以外の実用新案法、意匠法及び商標法には出願審査請求制度がないため、出願審査請求は不要です。

特許	
出願審査請求料	138,000円＋（請求項の数×4,000円）

(3) 登録料

　審査が通っても、登録のための料金を納付しなければ権利は発生しません。また権利発生後も料金（年金と呼ぶ）納付をみなさんがうっかり忘れると権利が消滅します（特許庁は教えてはくれません）。従って、権利維持の基本である年金の期限管理は地味ですが大変重要です。特に商標は分納ができたり、更新により半永久的に権利を維持したりすることができます。弁理士に依頼すれば期限管理もしてくれます。

特許料	
第1年から第3年まで	毎年2,100円に1請求項につき200円を加えた額
第4年から第6年まで	毎年6,400円に1請求項につき500円を加えた額
第7年から第9年まで	毎年19,300円に1請求項につき1,500円を加えた額
第10年から第25年まで	毎年55,400円に1請求項につき4,300円を加えた額
実用新案登録料	
第1年から第3年まで	毎年2,100円に1請求項につき100円を加えた額
第4年から第6年まで	毎年6,100円に1請求項につき300円を加えた額
第7年から第10年まで	毎年18,100円に1請求項につき900円を加えた額
意匠登録料	
第1年から第3年まで	毎年8,500円
第4年から第20年まで	毎年16,900円
商標登録料	
商標登録料	区分数×28,200円

分納額（前期・後期支払分）	区分数×16,400円（旧料金ケース除く）
更新登録申請	区分数×38,800円
分納額（前期・後期支払分）	区分数×22,600円（旧料金ケース除く）

出所：特許庁産業財産権関係金一覧（2019年11月時点）
https://www.jpo.go.jp/tetuzuki/ryoukin/hyou.htm

9. 商品開発やブランディングについて

　みなさんが特許・商標・意匠でビジネスを始めるときに、弁理士は商品開発やブランディングについてもアドバイスをしてくれます。とは言っても直接的に魅力的な売り物を作り上げるためのアドバイスではなく、**知的財産権の視点から見た商品開発やブランディングの戦略**についてです。

　まず商品開発の知財戦略として、商品に使われている部品や技術の全てにおいてきちんと特許を固めてあるかパテントマップを作って調べる必要があります。中にはみなさん自身が特許発明をするのではなく、他社の特許権を買い取ったり、使用許諾を有償で得たり、クロスライセンスで特許を使わせてもらう方がよいなどの判断が必要となるでしょう。意匠の戦略についても、他者の意匠権を侵害していないかを調べるのはもちろんですが、デザインマップを作って検討し、類似のデザインを他者に作られないような工夫が必要であったり、目立ちやすいなどの成功例を入れ知恵してもらうなどの必要もあるでしょう。商標の戦略についても、商標は自社と他社の商品等を識別するものであり、出所を示すものであり、そして品質を保証するマークでもあり、宣伝広告機能を発揮するものであるので、企業から消費者・投資家・従業員に向けてのメッセージを担うものとの認識の下、ブランド育成に注力する必要があります。

　このような知的財産の視点を取り入れた商品開発やブランディングの支援のために弁理士を有効に活用することをお勧めします。

10. 海外展開の支援を依頼する

　特許・商標・意匠を取得する場合、後に海外への展開も考えるかもしれません。海外でビジネスとして商売をする場合はもちろんですが、生産拠点を海外に作る場合も、**それぞれの国で特許・商標・意匠の取得が必要**になります。他人に権利を取られてしまえば販売・生産ができなくなりますし、模倣品を取り締まる権利もないからです。

　しかし、海外に展開する場合に問題となるのは、**出願する国ごとに知的財産権制度が異なる**ことです。例えば、A国とB国で権利を取得したい場合は、A国とB国のそれぞれに出願しなければなりません。また、A国では権利になったけれども、B国では権利にならなかった、という事も起こりえます。A国とB国の審査に関する法律が異なるためで、A国の法律はA国内限定で、B国には適用されないことを属地主義といいます。ちなみに、多くの方が思い浮かべるような**世界で統一された1つの特許権は存在しません**。世界統一特許、世界特許というものはないのです。

　出願の話に戻りますが、ここで想像に難くないのは、出願したい国が多いほど、その国の書式に合わせて翻訳文も揃えて一々出願しなければならないと考えると、大変な作業が待ち受けていると思いませんか？お金も時間もかかってしまいます。そこで国際的に統一された1通の願書による出願制度が生まれたのです。特許ではPCT出願、商標ではマドプロ出願、意匠ではハーグ出願と呼ばれる出願制度です。しかし、属地主義の原則で、それぞれの国の法律に則った審査による権利付与となることには変わりはありません。

　以下の表に示した様に、海外で特許権・意匠権・商標権を取得するには、様々な出願ルートがあります。直接、権利を取得したい国に出願する方法、パリ条約による特典（日本に出願した日から所定期間内に他国に出願すると日本に出願した日に出願したのとほぼ同じような扱いを受けることができる優先権という権利を主張）を利用する出願方法、PCT出願、マドプロ出願、ハーグ出願を利用する方法、他にはEUの制度を利用した出願があります。権利化を希望する国や地域の状況、審査の有利不利、制度の特典と注意点、トータルコスト、時間等、様々な観点からどのルートを選ぶのが最適なのか、みなさんの要望に応じて、弁理士がメリット・デメリットを説明しサポートすることがで

きます。

表　PCT出願・マドプロ出願・ハーグ出願について

法域	特許	商標	意匠
条約名称	特許協力条約 Patent Cooperation Treaty	標章の国際登録に関するマドリッド協定の議定書（マドリッドプロトコル）	意匠の国際登録に関するハーグ協定のジュネーブ改正協定
通称	PCT出願	マドプロ出願	ハーグ出願
加盟国数	153	104	58
日本の加盟	1978年	2000年	2015年

表　海外出願ルート

特許	PCT出願
	パリ条約の制度を利用した出願
	欧州特許条約の制度を利用した出願
	各国に直接出願
商標	マドプロ出願
	パリ条約の制度を利用した出願
	欧州連合商標制度を利用した出願
	各国に直接出願
意匠	ハーグ出願
	パリ条約の制度を利用した出願
	登録共同体意匠制度を利用した出願
	各国に直接出願

　多くの弁理士は海外に対してもネットワークを持っています。例えば、産業がある国ならどの国にも、日本とその国の事情に通じた弁理士（弁護士と呼ぶことも）がいます（もちろん日本人とは限らず当該国の人の場合もあります）。

これら海外代理人・法律事務所の良し悪しを見極め、能力を判断し、適切な海外代理人・法律事務所の紹介をすることができます。そうして、みなさんが出願したい国の知的財産権制度を調べ、必要な手続きおよび書類作成のサポートをします。

　さらに弁理士がサポートできるのは出願書類作成のサポートだけではありません。海外出願のサポートを多くしている弁理士や、そういった海外事務所の弁理士とのネットワークが強い弁理士なら、海外進出支援策をとりまとめた情報、これは知っておいた方が良いという制度、知的財産権の取得なしで海外に進出する場合に想定される問題、登録にかかる時間の実態、出願の費用や権利化の難易度、権利を行使した場合の裁判での勝率、頼りになる海外の代理人の選別や費用交渉、海外での模倣品対策の実例や証拠調べに関わる情報等、つまり海外のビジネス動向について貴重な情報を持っているといえます。それはみなさんが**知的財産の権利化やビジネスを展開するための戦略を練る上で非常に役立ちます**。弁理士自身が知識やデータを豊富に所有している場合には海外進出のコンサルタントとしてアドバイスを提供してくれることでしょう。外国の情報入手ルートは限定されてしまうと思うので、知的財産権の情報を集約して持っている弁理士をぜひ活用してみてください。

表　知的財産関連の海外進出支援策の例

外国出願支援
国際知財セミナー・フォーラムの紹介 中国、米国、欧州、韓国、台湾、インド、東南アジア等の出願関連情報
海外進出支援アドバイス 特許情報分析活用支援、商標先行登録調査、模倣品対策、冒認商標対策
国および地方自治体の助成金・補助金事業紹介とアドバイス 調査費用・防衛費用・外国出願費用・侵害係争費用・海外知財訴訟費用保険
ビジネスマッチング、海外展示会出展サポートの紹介

11. 契約、知財DD（デュー・デリジェンス）に関する相談をする

　みなさんがビジネスを展開する際に必要な特許・商標・意匠等の知的財産を
すでに権利として保有する相手がいる場合、その使用許諾を得る必要が発生す
ることがあります。その契約、交渉において知財コンサル系の弁理士はみなさ
んと相手の間に入って活躍します。相手が知的財産権を保有しているというこ
とは、その権利化の手続きをするときに相手は誰かしらの弁理士に依頼してい
ると思われます。ですからみなさんも弁理士にお願いすることで、弁理士同士
が交渉するようにします。そうすることで使用許諾に必要な手続きを全て弁理
士の間で代行し、スムーズに交渉、契約を進めることができます。

　また、みなさんが特許・商標・意匠等の知的財産を権利化した場合には、そ
の権利を他者とコラボレーションして行使することを考えると思います。クロ
スライセンス契約や事業提携等です。その場合にも弁護士に加えて、知財の専
門家である弁理士はみなさんにとって強力なサポーターとなります。

　コラボレーションをする場合、みなさんの知的財産権と、相手の知的財産権
の強みと弱みを把握し、その後の事業展開において、みなさんの事業の自由度
を保ち、より強くなれるような提携の仕方を考える必要があります。

　たとえば、相手の持つ知的財産権は他の人との共有であったり、使用許諾を
されたりしているのかどうか、その知的財産権は後に無効になるリスクがない
か、知的財産権の質、知的財産権の有効年数、提携範囲の業種や分野、提携開
始時期・期間・地域、費用負担、補償、ロイヤルティ計算方法、破産の場合の
対応、独占禁止法留意事項等、必要かつ過不足なく条件を見極める必要があり
ます。これを誤ると、予測していた効果が得られないばかりか、みなさんの将
来の事業設計の自由度を縛ります。こんなことが起きるとは思いもよらなかっ
た、と事業撤退を余儀なくさせられた、あるいは事業継続の余地は買い戻せた
ものの、高額な勉強代を支払うことになった事例は枚挙にいとまがありません。

知的財産価値の評価
　知的財産価値の評価、という言葉をお聞きになった方もいらっしゃるかもし
れません。知的財産価値の評価は、法的評価・技術的評価・金銭的評価等を総

合的に鑑みて判断します。例えば、その知的財産権には無効理由がないかどうかといった権利の安定性に関する法的評価、その知的財産権には代替手段がなく競合他社の製品やサービスにとって設計変更が不可避であるような重大な発明なのかどうかといった技術的評価、その知的財産権を産みだすのにかかるコスト推定ともたらす収益推定や類似の知的財産権の市場取引価格調査等での金銭的評価です。知財コンサルの弁理士は主に法的評価や技術的評価について助言を与えることができます。

知的財産DD（デュー・デリジェンス）

　最近、ベンチャー企業がVC（ベンチャーキャピタル）等の投資家に対する資金調達のプレゼンテーションに、知的財産DD（デュー・デリジェンス）が活用されるようになってきています。知的財産DDとは、出資や提携を検討する際に行う、知的財産の観点での相手方会社のリスク評価及び価値評価のために行う調査・検証を指します。自社・他社の知的財産権の強み・弱みを把握するための身体チェックですね。弁理士も知財DDの専門家として貢献しています。

　知財コンサルに力を入れている弁理士は、さまざまな方の知的財産権に関する経営をサポートしてきているので、知的財産の発掘から、強い知的財産へのブラッシュアップ、強い知的財産権の獲得から、その後の知的財産権の維持と活用、さらに競合他社分析から点から面としての知的財産権の群による網の構築により、長期間にわたる攻撃と防御のあらゆる知的財産権を駆使した世界的な戦術に長けています。ですからそのような弁理士はみなさんが知的財産権を

取得した先のビジョンを提示したり、知財戦略を提示したりすることができます。

　つまり、みなさんの取得した知的財産権がどれだけの強みを持っているかの判断することで、知的財産を持つ者同士が手を結び合うための手助けもしてくれるのです。契約、交渉、事業提携の際に、みなさんが相手の会社規模等に目が向いて萎縮してしまうこともあるかもしれません。しかし、知的財産権は出願書類の通りの効力を発揮するものであり、会社規模で権利が揺らぐものではありません。弁理士が各種交渉、契約、事業提携をする際に協力することによって、知的財産権のスペシャリストとしての中立的な知的財産価値の評価に基づいて、最適なバランスでお互いが手を取り合うことができるよう弁理士がみなさんを導いてくれるでしょう。

　以下、ご参考まで、表：知的財産権が絡む契約の例、表：知財価値評価項目の例、表：知財DD（デュー・デリジェンス）の項目例を挙げておきます。経営に関わる事項は多岐に渡るため、ケースによっては弁理士・弁護士・金融業務経験者・公認会計士・アナリスト等と専門家チームで当たることになる場合もあると思います。どこまでを評価対象とするか、かけられる調査時間・費用を念頭に対象範囲を的確に絞る必要があります。

表　知的財産権に関わる契約の例

契約書名特許権譲渡契約、意匠権譲渡契約、商標権譲渡契約
特許権ライセンス契約、意匠権ライセンス契約、商標権ライセンス契約、ソフトウェア使用許諾契約
クロスライセンス契約
秘密保持契約（NDA）
共同研究開発契約
開発・製造・業務委託（受託）契約
技術援助契約（ライセンスアウト）、技術指導契約
合弁事業設立契約
ノウハウライセンス契約
OEM／ODM契約

表　知財価値評価の例

評価	主な評価項目
法的評価	権利の法的安定性 権利行使・侵害発見の容易性 権利範囲の広狭 権利製薬要因の有無 権利の残存期間 実施品に対する権利保護の有無 発明の技術的強み 外国出願状況
技術的評価	事業化に際しての障害はないか 市場規模はどの程度あるか 商品化にどの程度の時間と資金が必要か 自社技術のみで事業化できるか 他社との垂直的共同・水平的共同が必要か コスト面での優位性が見込めるか 経営者に支持されうるか 周辺技術は確立されているか 代替技術はあるか 技術標準に係る必須特許か 発明は工業的に実証されているか
金銭的評価	知的財産の生み出すインカムを推計し、積み上げて評価・分析 評価対象と類似した知的財産の取引価格を調査して評価・分析 評価対象を再作成する際に要するであろう評価対象の価値と推計

出典：弁理士による知的財産価値評価パンフレット　日本弁理士会

表　知的財産DD（デュー・デリジェンス）の調査項目例

対象会社の価値源泉となる技術等の分析	調査資料：カタログ、企業情報データベース、有価証券報告書等
対象技術等の利用可能性・利用可能範囲	調査資料：出願書類、登録原簿、ライセンス契約書等
対象会社の知的財産関連紛争の調査	調査資料：訴訟記録、紛争一覧等
第三者権利の侵害リスク調査（FTO調査）	調査資料：対象会社製品等カタログ、先行技術文献等

| ガバナンス調査 | 調査資料：知的財産管理規定、職務発明規定等 |
| 価値評価 | 調査資料：出願書類、パテントマップ、有価証券報告書等 |

出典：基礎知識　知的財産デュー・デリジェンス/標準手順書　Seller's DDのススメ
特許庁

12. 職務発明規定等の作成のサポートを依頼する

　みなさんがベンチャー企業等を創業して従業員が増えてくると、特許・商標・意匠等の知的財産権を従業員、または会社が取得する際の取り決めが必要となります。顧問を依頼すれば、弁理士はそのようなときに**必要な社内規定や職務発明規定を作成するためのサポート**もします。

　社内で知的財産が創出されたとき、まず権利の帰属、それからその取り分が問題となります。知的財産の創出には産み出した本人の能力もありますが、産み出すに至るまでの会社側のサポートもあります。そのため、売り上げやライセンス料収入に応じて、創出した本人が何割で会社が何割と定める場合もありますし、金銭に限らないインセンティブの付与を与える場合もあり、状況によってさまざまです。さらに従業員が退職する場合もあるため数多くのケースを想定した社内規定や職務発明規定が必要となります。

　弁理士は多くの会社の知的財産に関わっていますが、職務発明対価訴訟や知的財産権の権利帰属の訴訟事例、法律改正の変遷を見てきています。もちろん、知的財産権の知識が豊富なのはいうまでもありません。よって、弁理士はみなさんが会社で社内規定や職務発明規定等を作成することになったとき、そのサポートをしてくれます。顧問として最適なバランスでの社内規定や職務発明規定を提案してくれるでしょう。従業員と会社との権利関係を明確かつ平等なものにすることで気持ち良く働ける環境を作り上げることができます。一方でこれらの規定が不明瞭かつ不平等な場合は優秀な従業員がみなさんの元を去っていくことになるでしょう。会社の永続的な繁栄には新たな知的財産を創出できる人材が欠かせません。弁理士と協力して会社と従業員の関係が良好になる規定を作成するのがみなさんを含めた会社に関わる全ての人の幸福につな

がるのです。

13. 社内知財研修を依頼する

　弁理士は事務所の中にこもっているだけではありません。みなさんが特許・商標・意匠等の知的財産に関するセミナーや研修を社内や所属組織で開きたいと思ったとき、弁理士に依頼すれば、弁理士自らが出向いてセミナーや研修による知財教育を実施します。

　特許・商標・意匠等の知的財産はビジネスにおいて欠かせない権利であり、その権利化のタイミングや権利証明のための証拠作りはもちろん、知的財産創出や機密保持のための社内生活や私生活での心掛けに至るまで、社内や組織内での知的財産に関する教育が欠かせません。しかし、通常では**知的財産の創出に関わる方や経営陣に近い方のみが弁理士と交流するに留まり、社内や組織全体で弁理士の持つ知的財産に関する知見を共有する場を作ることはなかなか機会が無い**かと思います。社内研修等でも知的財産教育に関する内容は世にある資料の転用で済ますというケースも珍しくありません。弁理士は知的財産のスペシャリストとして、そのような社内研修や組織のセミナーの機会があったときに講師としてみなさんのもとへ赴きます。弁理士がみなさんのもとへ行くこ

とにより、会社や組織に関わる多くの方々がセミナーを受講することができます。

　知的財産の創出や取扱いに直接かかわらない人でも、会社や組織の情報管理をする上で知的財産の取り扱い・運用・機密保持に関する基本的な知識、知財リテラシーを持つことは訴訟リスクを多く抱える今の社会では欠かせません。ぜひとも弁理士を有効活用して社内、組織内の全部署、全人員に至るまで知財リテラシーを普及させてください。

　社内や組織には知的財産権を確保するための付帯業務が実は多く存在していますが、**社内や組織内の知財リテラシーが低いとそれら付帯業務に対する協力が得られないことが多く発生します**。それによって不完全な手続きをしてしまうとせっかく確保しようとした知的財産権が脆弱なものとなってしまい、会社や組織にとって大きな損害となります。そういった損害を被らないためにも**知的財産のスペシャリストかつ公正な立場にある弁理士の言葉は全社員や全組織人員へ語りかけるのに最適**です。

　全員の知財リテラシーを高めることで知的財産の守りも攻めも鉄壁な組織ができあがることでしょう。

14. 弁理士の選定

　みなさんが実際に弁理士に会おうとするときに、弁理士なら誰でもよいのでしょうか？そんなことはないと思うでしょう。第1章6. で、弁理士の専門分野や業務分野についてお話ししました。弁理士は大きく特許弁理士と商標弁理士に分けられ、さらに特許弁理士は分野によって様々に分かれます。また業務分野も、権利化業務・コンサル業務、また国内・海外と弁理士や事務所の方向性によって力を入れている分野が異なります。しかし、ここではどの分野を得意とするかといったありきたりな話ではなく、もう少し踏み込んでみなさんがどう弁理士を選んだら良いかを述べましょう。

15. 自分に合った弁理士を探そう！

　みなさんの産み出した知的財産を権利化するには出願書類を弁理士と共に的確に作成しなければなりません。そのときには当然、弁理士とのコミュニケーションが必要となります。そこで**大事なのは非常にシンプルな話ですが会話しやすくお互いが解り合えるかどうか**です。出願書類を作成するためには弁理士がみなさんから提供される知的財産の情報をもとに代筆します。そのときに知的財産となる実物を弁理士が直に見る場合もありますが、**実際はみなさんが弁理士へ提供する絵図と会話により出願書類の作成は進みます**。ですからみなさんと**弁理士との円滑なコミュニケーションが必要不可欠**なのです。

　みなさんが弁理士と会うには、最終的には特許事務所を訪れることになります。特許事務所という名前でも商標や意匠も扱っていますからご安心を。

　まずは第1章の弁理士との会い方を参考に、それだけで判断できるのかと不安もあるかもしれませんが、最初は習うより慣れろです。何よりもコミュニケーションが一番大事なのでまずは会って話をしてみるのが良いでしょう。

16. 信頼できる弁理士を選ぶのが大事

　弁理士や特許事務所を選ぶときにはまず何をポイントにするかは人により意見が分かれるところでしょう。病院選びと同じように、近い場所にある事務所を選ぶ方、懇意にしている人の紹介で選ぶ方、従業員の多い事務所を選ぶ方などさまざまでしょう。一般的に、医者選びと同じように、まず弁理士個人を探そうとしても簡単に弁理士個人へ辿り着くわけではないので事務所選びから始まると思います。ですが前項でも述べたように最終的には**みなさんに合う弁理士を選ぶのがよい**です。となると最初は事務所選びになるでしょうが、行き着く先にはお互いが信頼関係を築けるかどうかが大事になります。

　みなさんが知的財産を弁理士と共に扱うようになると権利を手に入れると同時に侵害訴訟など様々なトラブルも引き寄せることになります。そのトラブルを無事乗り切れるかどうかは、**みなさんと弁理士で作成する出願書類に全てかかっています。**大手特許事務所で多くの事案を手掛けているほうがトラブルを乗り切るのに長けていると直感的には思うかもしれませんが、出願書類に対する裁判官の判断が状況を左右する以上、**みなさんと弁理士が信頼関係のもとに隙のない出願書類を作成できたかどうかが最もトラブル解決に影響する**のです。ですから最終的に大事なことは信頼して任せられる弁理士であり、その信頼はお互いの円滑かつ気質の合うコミュニケーションによって成立するのです。大手特許事務所でも規模の小さい事務所でも、基本的には、1つの案件（権利化手続き）を1人の弁理士が行う個人プレーであり、クライアントとの対話により、オーダーメイドな権利書を作りあげていく極めて職人的、属人的な作業なのは変わりません。

　他の項目でも書きましたが、弁理士からは知的財産権のマネジメント等のアドバイスも受けることができます。そのアドバイスを受けるためには弁理士との密接な信頼関係が欠かせません。**有効なアドバイスはみなさんの会社や組織の状況を把握してこそ出てくるもの**なので、弁理士と一度や二度の知的財産の権利化のやり取りだけの関係にして終わらすのは勿体ないのです。**ぜひかかりつけ弁理士を見つけ、密接な信頼関係をお互いに築いて、巧みな知的財産権トラブルの回避、効果的な知的財産権の活用へ結びつけてください。**

17. 弁理士費用について調べる

　弁理士や特許事務所を選ぶ際にみなさんが最も気になるのはその費用でしょう。昔は弁理士の知的財産権業務に対して、一律の料金（「弁理士報酬額表（特許事務標準額表、料金表）」）が定められていましたが、平成13年の弁理士法改正により廃止されました。従って現在「定価」や「標準価格」のようなものはなく、それらの料金は事務所ごとに違います。しかし初めての相談において、それでは不安でしょうし、予算も立てにくいと思われます。

　そこで、まずはみなさんが弁理士に会いに行く前に知っておきたい、弁理士報酬に関する基本用語と、おおよその料金を以下に載せておきます。平成21年度10月に実施された弁理士会による特許事務所経営者によるアンケート結果から、権利化までと鑑定に関する情報の抜粋です。

詳細はこちらをご覧ください。

日本弁理士会：https://www.jpaa.or.jp/howto-request/questionnaire/

「弁理士費用（報酬）アンケート調査　結果公表」
アンケート対象：特許事務所、特許業務法人、弁護士法人の経営者である弁理士、3,387名　回答数：658件（回収率：19.4％）

表　弁理士費用に関する用語

固定報酬制	依頼案件の請求項数、図面枚数、頁数等に関係なく、一件当りの固定報酬を定めている報酬体系
従量制	依頼案件の請求項数、図面枚数、頁数、難易度等によって、報酬を請求する報酬体系
タイムチャージ制	依頼案件の処理に要した時間に基づき報酬を請求する報酬体系
手数料	弁理士へ依頼した業務に対して支払われる報酬（タイプ代、図面作成代、電子化代等の実費を含む）。なお、成功報酬ならびに特許庁の事務手続料（印紙代）は含まない
成功報酬	例えば、特許出願をする場合に出願時に弁理士に支払う手数料とは別に、特許査定等を受けたあるいは異議等に勝った際に支払われる報酬

表　特許事務報酬（弁理士手数料）に関するアンケート

特許	
手数料内容	最多価格帯順
出願手数料 （想定例：特表2004-517010「改良型ボール紙パレット」明細書4頁（50字×40行）、請求項数5、図面5枚、要約書1枚）をしたときの事務報酬総額	25〜35万円（42.9%） 20〜25万円（29.0%）
審査官面接手数料 （説明資料を作成し、事前に発明者と打ち合わせをしたうえで審査官と面接）	3万〜4万円（25.2%） 5万〜6万円（12.1%） 2万〜3万円（10.2%） 無効解答（19.7%）
拒絶理由コメント作成手数料 （依頼人の要請により拒絶理由通知を検討したうえで減縮補正案を提案した後、依頼人都合で不提出）	〜5千円（19.7%） 3万〜4万円（12.8%） 2万〜3万円（11.6%） 1万〜2万円（8.1%） 無効解答（17.1%）
意見書提出手数料 （タイプ代、図面作成代、オンライン手数料等の実費を含み、公租公課を除く）	6万〜8万円（38.6%） 5万〜6万円（21.4%） 4万〜5万円（11.9%）
補正書提出手数料 （請求項の増加がなく、タイプ代、図面作成代、オンライン手数料等の実費を含み、公租公課を除く）をしたときの事務手数料	6万〜8万円（35.7%） 5万〜6万円（21.1%） 3万〜4万円（8.4%） 8万〜10万円（7.5%）
意匠	
出願手数料 （物品「カードリーダ」6面図及び斜視図、図面7枚）	10〜12万円（25.8%） 8〜10万円（22.0%） 12〜14万円（16.9%）
商標	
出願手数料 （1商標、1区分）	6〜8万円（43.1%） 5〜6万円（18.3%） 8〜10万円（11.5%）

参考：日本弁理士会　弁理士費用（報酬）平成21年10月実施アンケート調査結果報告

公表されているデータは古くあくまで目安です。まだこの世の中にない新しい知的財産権の創出に伴う作業は、１つとして同じものはなく、量産品でもありません。一件一件オーダーメイドという性質のものです。最終的にみなさんと弁理士との合意によって決めていただくことになります。

　弁理士の費用については事務所に直接聞いて見積りを取るのが良いと思いますが、費用についての考え方で大事なのは代書業務を依頼する費用だけでなく、後に知的財産が権利化されて発生するリスクを回避するための投資コストも兼ねているという点です。もちろん、代書の作業費用等に元からリスク回避コストが計上されているわけではありませんが、みなさんは含んでいるつもりで考えたほうが良いと思います。

　これはどういう意味かというと、訴訟などに対して充分に対抗できる出願書類を作成することが可能であり、また対抗措置も明確に打ち出してみなさんの権利を守り、競合他社が怖いと思ってくれる凄腕の弁理士が味方に着くのなら代書業務等のコストの差等ほとんど関係ないということです。特に海外案件では多額の損害賠償請求をされるリスクを抱える場合もあるので、その相手を打ち負かして賠償金を払わずに済むのなら弁理士へ依頼する費用の差等は微々たるものだということです。商標登録出願については、安かろう悪かろうという案件を目にしています。商標登録出願はレベルにばらつきがあり、ただ出願するだけの仕事か、権利化できなかった場合のアフターフォローまで考えた助言と方策を間違いなく携えた仕事ができるかどうかで相当作業量も知見も変わります。

　弁理士を取り巻くビジネス環境も近年は変化してきているため、弁理士に依頼する費用は今後さまざまな形をとっていくでしょう。しかし、弁理士費用の本質は代書業務ではなくみなさんの知的財産権の番人としての一端も担っているということです。敵が尻込みするような代理人を選びましょう。

コラム

オープン＆クローズ戦略　知的財産と標準化

　グローバル市場において市場創出やシェア拡大を図るには、製品・サービスに含まれるどの技術を秘匿し、どの技術を公開するかについての戦略（オープン＆クローズ戦略）は重要です。

　自社のコア技術はノウハウとして秘匿化したり、特許権等の独占的排他権として行使するクローズ戦略を取る一方で、周辺技術や評価系の特許等を無償・有償で開放し、さらには標準化によってシェア拡大を行いつつ、最終的には自社の製品・サービスを使う状況に呼び込むといったように、知財と標準化を巧みに使い、自社利益拡大のための戦略的な選択を行うことのできる、知財と標準化の双方の戦術に長けた人材が必要です。そこで弁理士は特許の観点から標準化業務に関する相談に応じます（弁理士法4条）

知財と標準化の関係（一例）

標準化の類型	標準×特許の組み合わせ概念図	具体例
製品の仕様の標準化	自社特許を含めて標準化 標準　特許	<u>Blu-ray Disc</u> ・ ブルーレイディスクの仕様を国際標準化 ・ 標準に対応するために必要な特許は、無差別かつ安価にライセンス
インターフェイス部分の仕様の標準化	自社特許等の周辺を標準化 標準 特許等 標準	<u>QRコード</u> ・ QRコードの基本仕様を標準化し、無償で提供 ・ QRコードの読み取り技術はブラックボックス化し、読み取り機やソフトフェアを有償で販売
性能標準・評価方法の標準化	自社特許等を含む製品の評価方法を標準化 特許等　評価 標準	<u>水晶デバイス</u> ・ 業界全体で最高品質の品質評価基準を国際標準化し、他国製品との差別化。 ・ メーカー各社は、製造ノウハウをブラックボックス化し競争力を維持。

出典：知的財産・標準化とビジネス戦略　経済産業省

知財・標準化教育に興味のある方は、全国の高校・高専に16万部配布された内閣府知財教育選定書、「マンガでわかる　規格と標準化」（作者：大樹七海、監修：日本規格協会、協力：一般財団法人知的財産研究教育財団）を活用頂ければと思います

第3章 特許を取る

1. 早い者勝ち！弁理士のサポートで一刻でも早い出願を！

　みなさんが今、発明を思い付いたとします。その発明があなたのものになるためにはどうすれば良いのでしょうか？それは特許庁に出願書類を提出して審査に通った場合です。しかし、審査に通る前に注意しなければいけないのは特許の権利は**早い者勝ち**だということです。誰が早かったかを決めるのは何かというとそれは「**出願日**」です！つまりみなさんが特許を思い付いたら他者よりも一刻も早く出願書類を仕上げて特許庁へ駆け込まないといけないのです（実際は弁理士が代行しますので駆け込む必要は無いです）。

　でもみなさんが出願書類を書こうとしても出願書類は法律文書のため前述の通り様々な「**しきたり**」があります。それをいちいち学習して出願書類を整えていては**出願日がどんどん遅れてしまいます**し、文章表現も誤解の無い表現で書かれていないと**特許の権利範囲を狭められてしまう**かもしれません。ですから**出願日を一日でも早くするためにぜひ、弁理士のサポートを受けて下さい。**

2. 弁理士が味方なら発明から出願までがスピードアップ

　弁理士は出願書類に日夜触れていますから、みなさんが出願書類を作成するときに頭を悩ます「しきたり」は慣れたものです。また数多くの特許に触れていますから上手く特許化するための勘どころも良く分かっています。みなさんが弁理士と面会して発明の内容を伝えているときに、弁理士の頭の中では**どう出願書類を作っていくかのビジョン**が浮かんでいるのです。弁理士はみなさんへテキパキと質問をしながらそのビジョンを具体的な出願書類の形へと変えていきます。この速さは素人の及ぶところではありません。

　また、弁理士は出願書類だけでなく常に様々な文書作成の仕事をしているため文章作成能力が鍛えられています。数多く走り込んだ人が足が速くなり持久力が鍛えられていくように、**弁理士は文書を速く、数多く、正確に、しかも知財関連の法律に則って書けます。特許出願はスピードが命ですから弁理士の手を借りないのはもったいない**です。出願日を１日でも早めるために弁理士と強力なタッグを組んでの出願書類作成を薦めます。

3. 出願したら弁理士のサポートでより良い特許へ

　**出願書類を無事、特許庁で受理されてからも出願書類を補正する機会はあり
ます。** 出願後に日が経つにつれてさらに権利範囲を拡げる方策が思い付く場合
もありますし、時には他者との権利侵害を争うために出願書類の文言を補正す
る場合もあります。また、審査請求をした際に審査官から拒絶理由通知が届い
て拒絶（特許用語だと思ってください。人間関係や恋愛の拒絶をイメージする
とあまりに厳しい単語なので．．．）された場合も補正が必要となります。ち
なみに、多くの弁理士は、審査官から拒絶理由通知が届くことなく、特許査定
に至ると（一発査定）、嬉しいよりも、むしろ、権利範囲を狭め過ぎたのかも
しれないと思います。

　そのような補正の時にも弁理士がみなさんをサポートして適切な権利化へと
導いてくれるでしょう。ここで**注意すべき点があり、補正をできる範囲は限定
されている**ということです。ここでは詳細は省きますが、**出願した発明を根幹
から変えるような補正はもちろん認められません。よって最初の出願書類の完
成度が大事になります。2．でみなさんに出願書類を弁理士とのタッグで作成
するように薦めたのは、最初の出願書類の文面が失敗していたことによって補
正で済む話ではなくなって後悔することが無いようにするためです。**これは弁
理士に頼らずに書面を自作した場合によく起こる失敗です。特許庁から通知さ
れた拒絶理由に対して、対応ができず、また他にも出願を基礎として改良発明
を出願する方法や、出願後も様々なサポートを受けることができますので、そ
のスタートとなる出願時からぜひ弁理士とタッグを組んでおきましょう。

4. 弁理士に何を話したら良いの？ 何をもっていけば良いの？

　それでは、弁理士に会いに行くにあたり、何を持っていけば良いのでしょう
か。ずばり、以下の表に示した発明の概要がわかるものがあれば、なんでもで
す。

　ちなみに良くある失敗なのですが、ご自身の発明をブログやSNS、パンフ

レットに挙げて公表したり、販売したりされていると、新規性が失われていますので[3]、その発明ではもはや特許を受けることができません。出願するまで他言なさらないよう、ご注意ください。

　弁理士に伝えるべきことは、みなさんの発明について、①その発明分野の技術背景、②そこで起きていた問題点や課題、③それをどのような手段をもってして技術的に解決したのかです。具体的かつ詳細に説明してください。次にどういう事業展開をしていきたいのか、公表や販売時期はいつを予定しているのか等もあわせてお伝え下さい。

表　持ち物・伝えるべき事項リスト

1	発明の概要がわかるもの 例：発明提案シート、スケッチ、図面（説明しやすいように、あれば斜視図、断面図、実施例のバリエーション等も）、工程図、フローチャート、設計図、発明効果を示すグラフ、写真、実験データ、サンプル等
2	参考にした情報や資料 例：ネット記事、雑誌カタログ、本、論文、専門誌、競合他社情報、最も本発明に近しいと思われる特許（特許公報の番号等）等
3	発表予定や販売開始時期

5. 発明提案シート

　上記リストにある「発明の概要がわかるもの」を持参して、弁理士に会えば、弁理士がどんどん質問をしてくれるでしょう。それに答えていけば、出願書類ができるように導いてもらえます。

　ご参考までに出願書類に書くべき事項に繋がる「発明提案シート」の例を用意しました。発明を説明する際の参考にして頂ければと思います。弁理士が質問することは、おおよそこの内容に帰結されていきます。

3　公知日から1年以内であれば、救済措置として新規性喪失の例外規定の適用が受けられる場合がありますが、救済範囲は限られます。詳しくは弁理士に相談下さい。

発明提案シート	
書誌的事項	
●発明者／出願人 氏名住所	
発明の概要	
●発明の名称	
●背景技術 ●従来の問題点	
●発明の目的／課題	
●先行技術文献 　（類似の技術）	
●解決手段 　（原理／構造／手順／機能作用 など発明を構成する事項）	
●従来技術との相違点	
●発明の効果／メリット	
●図	
●具体例	

6. 発明提案シート各項目説明

　以下に、発明提案シートの各項目に記載する際のポイントをまとめました。
発明を提案する際の参考にして頂ければと思います。

発明者氏名
発明者の許可を得ずに勝手に出願してはいけません。 　勝手に出願した事実が判明した場合、その権利は無効とされます。 　法人は発明者にはなれません。 　この点、法人でも著作者になれる著作権とは異なります。

出願人氏名
出願人とは、権利成立後に権利者となる者です。 発明者の許可を得れば、法人でも出願人になれます。

発明の名称
発明には３つのカテゴリがあります。以下を意識して名づけると良いでしょう。 ① 物 （例：○○装置、プログラム、○○システム等） ② 方法 （例：○○の測定方法、○○の検査方法等） ③ 物を生産する方法 （例：○○の製造方法等） あまり深く考えなくても大丈夫。弁理士と一緒に考えましょう。 不明確な修飾語 （例：最新式、簡易、能率）、個人名 （例：鈴木式）、 登録商標 （例：iPhone） 等は使えません。魅力的な名称は商標で考えましょう！

背景技術　従来の問題点
発明ができる前の技術分野の現状 （背景）において、従来の問題や不具合に対して要望されていたこと等を書きます。 　従来の問題点と発明で解決される効果とのコントラストが大きいほど、新しい発明だから特許を与えよう、という心証を審査官に抱かせることになります。

発明の目的／課題
発明の目的／課題は、発明の本質を捉える作業になるので、最終的に何度も見返すことになります。今の時点ではざっくりで構いません。

先行技術文献 （類似の技術）
みなさんの分かる範囲で最も近い技術が記載された文献を記入します。 　先行技術文献調査を弁理士に依頼すれば明確にわかります。調査をせず、あるいは不完全な調査結果に基づいて出願をすればたいてい権利になりませんので、労力と費用を無駄にしてしまうことになります。

解決手段
その発明はどういうものなのか？どうやって課題を解決するのか？という発明の心臓部になります。原理／構造／手順／機能作用等、発明を構成する事項を具体的かつ詳細に説明します。

従来技術との相違点
特許は、既に知られている技術には与えられません。 従来技術との差異の主張が、特許に至る最大のアピールポイントとなります。

発明の効果／メリット
解決結果や、より有意な結果をもたらすメリットを書きます。
図
スケッチ、発明の構造図、図面（斜視図、断面図、実施例のバリエーション等も）、工程図、フローチャート、設計図、発明効果を示すグラフ、写真、実験データ、サンプル等。
具体例
具体的な使用例や使用方法、応用例、変形例、材料に特徴がある場合は材料名（商品名でも）、他の用途等多面的なアイデアを書きます。

7. いよいよあなたの発明が「出願書類」に！

　発明提案シートについてご理解いただけたでしょうか？大切なことはみなさんの代理で出願書類をサポートすることになる弁理士へ、わかりやすく伝わるかどうかです。

　さて、前節まではみなさんが弁理士に会うまでの準備でしたが、本節の内容はいよいよ弁理士と会うための準備をしたみなさんが、弁理士と出会ってからどのように出願へと具体的に進んでいくのかを簡単に紹介します。弁理士との出会い方は第2章を、弁理士はどんな人は第7章を参照していただければ事前準備もバッチリです。では弁理士と共にどのように出願していくかを見てみましょう。

8. 特許権を取得するためのポイントをサポート

　弁理士は、発明を広く権利化する術に長けています。どういうことかというと、弁理士がみなさんの発明を聞いたときに、その発明の特許権が及ぶ範囲をみなさんが考えたある特定の製品だけでなく、もっと幅広い製品に対して適用できるのではないかと考えます。なぜなら、発明というのは、技術的思想といった抽象的なもので、個々の具体的な製品にのみ適用されるものとは限らな

いからです。従って、その発明の本質を見定めていくと、みなさんが思っていた発明はいくつもある実施形態の一つに過ぎない、ということがよくあるのです。そこでみなさんの発明を特許にする上で、課題を解決するのに欠くことのできない、その発明の本質を構成する核となる部分を探します。そしてその核である部分を確実に誤解なく伝え、様々なバリエーションの製品が少しでも多く包含されるような文言となるように考え、権利化できるようにサポートします。**どんなに素晴らしい発明でも**、その発明の本質を捉えていない余計な事項を含む文章であれば、その発明の特許権の適用範囲は限定され、簡単に他社に回避されてしまい、**使い物にならない権利**になります。逆に他社が容易に回避できないような、基本的なアイデアを押さえた特許は、**市場をコントロールする力を手中に収めるほどの強力な武器**ともなります。みなさんの発明に対し、原石からダイヤを磨き上げて四方八方へ眩い光を放つかのように特許化していくのが弁理士の仕事なのです。

9. 明細書の作成や不慣れな法的手続きをサポート

　弁理士は、話を聞いて図などを見ながら、その発明は特許を取れるものなのか、どう出願書類を仕上げるか、頭の中でどんどん構築していき、それを教えてくれます。以下に弁理士に会ってから特許出願に至るまでのプロセスを表にしました。

　特許明細書は、当該技術分野の通常の知識を有する人（当業者）であれば、その実施をすることができる程度に、明確かつ十分に記載するという決まりがあります。

　しかし、これは設計図やソースコードまで書く必要はなく、当業者の知識で理解できる程度に記載すれば良いのです。ちなみに、この点は後述する意匠とは異なる部分です。意匠では設計図レベルの図面が必要となってきます。

　また、特許出願は後述の15.のチャートと表に示すように、原則出願日から1年6か月後にその内容が公開されます。従って、発明のポイント部分だけを明細書に記載して（開示される）、ノウハウ部分は非開示とするのが理想的です。どこまでを開示し、どこを秘匿とするかの判断は難しいので、弁理士にご相談ください。

表　弁理士に会ってから特許出願までのステップ

1　発明のヒアリング
●発明の内容を弁理士に伝えます。 発明の深堀り、拡張、発掘の手助けをしてもらうこともできます。 ●内容によっては出願せずにノウハウとして秘匿することも検討します。
2　先行技術調査（1〜2週間）
●侵害予防調査や登録可否調査等を依頼します。 ●調査結果を元に出願を検討します。
3　出願書類作成（2〜4週間）
●弁理士が作成したものを確認します。 ●必要に応じて修正を依頼します。
4　出願
●特許庁に出願します。 ●審査を開始してもらうには出願審査請求を行います。

10. 特許権がとれるもの・実用新案権との違い

　みなさんの考えた発明が特許権をとれるものかどうかは、弁理士であればある程度判断してくれます。

　ちなみに、特許法上の発明の定義は、「自然法則を利用した技術的思想の創作のうち高度なもの」です。この定義を満たす必要があります。したがって、下記表に示すようにこの定義を満たさないものは、そもそも発明に当たらず特許権が取れません。

　ところで、「発明」と似たものに「考案」があります。こちらの定義は、発明の定義から「高度なもの」を抜いたものとなっています。物品の形状、構造又は組合せに限られるため、方法は含みません。考案は、いわば小発明といったもので、特許法ではなく実用新案法で保護されます。

　実用新案法は、いわゆる無審査登録主義を採用しており、出願すれば登録される類の権利です。そのため、権利としては脆弱で、**権利行使にもリスクと制約が付きまといます。**

表　発明に当たらない例

発明の要素	発明にあたらない例
自然法則を利用	自然法則自体で利用にあたらない「万有引力の法則」 自然法則に反する「永久機関」 自然法則ではない人為的取り決めである「経済法則」
技術的思想	個人の熟練で到達する「フォークボールの投げ方」 単なる情報提示である「操作方法マニュアル」 単なる美的創作物である「絵画」
創作	単なる発見「エックス線の発見」
高度	考案

参考：特許・実用審査基準

11. 特許権がとれないもの

　みなさんの考えた発明が、特許権を取得できるものであるかどうかは、弁理士が様々な観点から判断していきます。ご参考までに、特許権が取れない発明の代表を表にしました。3の単なる寄せ集めの発明は、駆け出しの個人発明家に多いです。

表　特許権を取得できない発明例

	発明	例
1	産業上の利用可能性を有しない発明	人間を手術、治療または診断する方法の発明 実際上、明らかに実施できない発明
2	新規性が失われた発明	既に発表・販売されたもの
3	進歩性を有しない発明	単なる寄せ集めや、発明の構成の一部を置き換えたにすぎない発明

12.　特許出願に必要な出願書類

以下が出願書類の様式見本です。

```
┌─────────────────────────────────────────────────────┐
│                                      ┌─────────┐    │
│  ┌───────┐                           │ 様式見本 │    │
│  │ 特　許 │   （注意：特許印紙です。   └─────────┘    │
│  │ 印　紙 │      収入印紙では認められません）           │
│  └───────┘                                            │
│  （14,000 円）                                         │
│                                                        │
│  【書類名】　特許願                                     │
│  【整理番号】                                           │
│ （【提出日】　令和　　年　　月　　日）                  │
│  【あて先】　特許庁長官　　　殿                         │
│ （【国際特許分類】）                                    │
│  【発明者】                                             │
│  　　【住所又は居所】                                   │
│  　　【氏名】                                           │
│  【特許出願人】                                         │
│  　（【識別番号】）                                     │
│  　　【住所又は居所】                                   │
│  　　【氏名又は名称】                                   │
│  　（【代表者】）                      ㊞又は 識別ラベル │
│  　（【国籍・地域】）                                   │
│  　（【電話番号】）                                     │
│  【提出物件の目録】                                     │
│  　　【物件名】　特許請求の範囲　　　　1               │
│  　　【物件名】　明細書　　　　　　　　1               │
│  　（【物件名】　図面　　　　　　　　　1）             │
│  　　【物件名】　要約書　　　　　　　　1               │
│                                                        │
└─────────────────────────────────────────────────────┘
```

【書類名】　　　明細書
　　【発明の名称】　（発明の内容を簡単に表したものを記載して下さい。）
　　【技術分野】　　（注）見出しの横には何も記載しないで下さい。
　　　【０００１】　（注）段落番号の横には何も記載しないで下さい。
　　　　ここから書き始めます。
（【背景技術】）
　　　【０００２】
（【先行技術文献】）
　（【特許文献】）
　　　【０００３】
　　（【特許文献１】）
　　（【特許文献２】）
　（【非特許文献】）
　　　【０００４】
　　（【非特許文献１】）
　　（【非特許文献２】）
　　【発明の概要】
　　　【発明が解決しようとする課題】
　　　【・・・・】
　　　【課題を解決するための手段】
　　　【・・・・】
　　（【発明の効果】）
　　　【・・・・】
（【図面の簡単な説明】）
　　　【・・・・】
　　（【図１】）
（【発明を実施するための形態】）
　　　【・・・・】
　　（【実施例】）
　　　【・・・・】
（【産業上の利用可能性】）
　　　【・・・・】
（【符号の説明】）
　　　【・・・・】
（【受託番号】）
　　　【・・・・】
（【配列表フリーテキスト】）
（【配列表】）

【書類名】　　特許請求の範囲
　【請求項1】
　　ここから書き始めます。

　【請求項2】
　　ここから書き始めます。

　注．(1) 特許を受けようとする発明を特定するために必要な事項のすべて
　　　　　を記載した項（請求項）に区分して記載して下さい。
　　　(2) 請求項ごとに行を改め、番号を付して下さい。（請求項の数が1
　　　　　の場合でも、「【請求項1】」と記載して下さい。
　　　　　　また、2以上の場合は、「【請求項1】」、「【請求項2】」の
　　　　　ように連続番号を付して下さい。）

【書類名】　　要約書
【要約】（ここには何も記載しないで下さい。）
【課題】ここから発明の課題を簡潔に記載して下さい。

【解決手段】ここから発明の解決手段を簡潔に記載して下さい。

【選択図】ここに「図〇」のように図の番号のみを記載して下さい。
　　　　　図を描く必要はありません。

【書類名】　　図面
　【図 1】

(図)

　【図 2】

(図)

表　願書・明細書・特許請求の範囲・図面の説明

出願書類	
願　　　　書	氏名住所等の書誌的部分
明　細　書	発明を理解しやすくするための説明部分
特許請求の範囲	権利となる最も重要な部分
図　　　　面	省略も可能
要　約　書	発明を要約した部分

　これらの出願書類を総称して「**明細書**」と呼んだりもします。用例としては、出願書類を作成することを、特許明細書を作成すると言ったりします。一般的に明細書と聞くと、領収書や数字の並んだ書面を思い浮かべてしまう方がほとんどだと思いますが、全く違いますね。

　上記の5つの書面の記載を埋めていくわけですが、先ほどの発明提案シートとの対応は以下のようになります。

表　「出願書類」と「発明提案シート」の関係

出願書類			発明提案シート
願　　書	願書	発明者、出願人	書誌的事項
明　細　書	発明の名称		発明の名称
	背景技術		背景技術
	先行技術文献		先行技術文献
	発明の概要	発明が解決しようとする課題	発明の目的／課題
		課題を解決するための手段	解決手段（原理／構造／手順／機能作用等発明を構成する事項）
		発明の効果	発明の効果／メリット
	図面の簡単な説明		図

	発明を実施するための形態		具体例
特許請求の範囲	請求項		解決手段・具体例から基本的構成を抽出する
図　　面			図面
要 約 書	要約書	要約・課題・解決手段・選択図	発明を要約したもの

　権利となるのは、「**特許請求の範囲**」という書面の請求項（クレームとも呼びます。クレームといっても文句をつける意味ではなく、要求する権利内容を意味します）に記載する発明です。ここが**最も重要なパート**です。「**明細書**」はいわば、請求項に記載する発明の理解を助けるための**補足的な説明パート**で、特許請求の範囲の基礎となる部分ですが、「特許請求の範囲」以外の書面、つまり明細書も図面も要約書の記載からも、権利は生じません。

13. 弁理士の作る明細書にはこんな技術が隠れている

　ただ特許権を取るだけでは、意味がありません。使える特許権である必要があります。同じ発明であっても、明細書作成技術の良し悪しによって、特許権の価値が全く変わります、研鑽を積んでいる弁理士は以下のようなことも考えながら、明細書を作成します。弁理士個人の力量が試されるため、明細書作成料金は一律ではありません。

表　明細書作成の技術

1	外国語に翻訳しやすい日本語で作成する
2	海外に出願するケースも想定して、他国の特許庁の審査流儀も考慮に入れた書き方で作成する
3	他社製品をカバーする請求項（クレーム）を作成する
4	権利を取れるか取れないかのギリギリのラインを狙って作成する（チャレンジクレーム）

5	拒絶理由通知が来た場合も考えて請求項（クレーム）を作成する
6	無効審判に耐えうる請求項（クレーム）を作成する
7	権利行使をしやすい請求項（クレーム）を作成する
8	他者が権利範囲を回避し難い請求項（クレーム）を作成する
9	ライセンス料が高くなる請求項（クレーム）を作成する

14. 出願してから特許になるまでの期間はどのくらい？

　特許出願は、**出願審査請求**をしないと審査が始まりません。出願審査請求のできる期間は出願日から３年以内です。

　審査請求から、審査官による審査結果の最初の通知（主に特許査定又は拒絶理由通知書）が発送されるまでの期間（ファーストアクション期間：FA期間と呼ぶ）の平均は9.3か月です。

　早期審査制度を利用した場合のFA期間は平均2.3か月で、スーパー早期審査制度を利用した場合は平均0.7か月でした（2018年実績　特許行政年次報告書2019年）。

　審査に通らず拒絶理由通知が届いた場合、審査に通るように意見書・補正書によって対応するので、その場合２か月～延びると考えてください。

　早期審査制度等の利用を検討する場合は、利用に条件がありますので、弁理士にご相談ください。

　なお、特許庁のホームページで審査スケジュールを公表[4]していますので、出願人は自らの出願の審査結果がどの時期に届くかを知ることができます。

15. 出願から特許になるまでのプロセス

　以下に出願から特許権の設定登録までのフローチャートを示します。

4　特許庁　特許審査着手見通し時期照会

図解　特許庁　特許出願手続きフローチャート

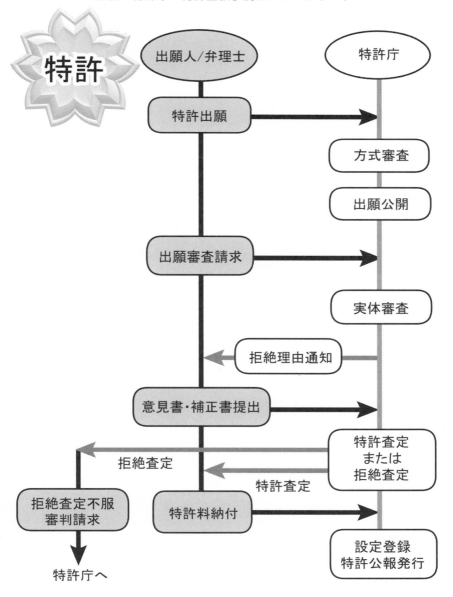

特許庁に出願書類を提出し審査請求すると、審査官による審査が始まり、問題があれば拒絶理由通知がきて、それに対して意見書・補正書を提出して対応をします。特許査定がされた場合は特許料を納付し、特許権が発生します。拒絶査定がされた場合は、不服があれば拒絶査定不服審判、さらに知的財産高等裁判所、最高裁判所まで争えます。

以下、特許出願手続きフローチャートにおける用語解説です。

表　特許出願手続きフローチャートの用語解説

特許出願	特許権を得るために必要な書類を特許庁へ提出する手続き
方式審査	出願書類が特許庁で定める手続・形式的な要件を備えているかどうかの審査
出願公開	原則出願日から1年6月を経過後に、出願内容が公開されること
出願審査請求	特許庁の審査官による実体審査を受けるために必要な請求。出願日から3年以内に出願審査請求がされなかった出願は、取り下げたものとみなされる
実体審査	特許になる要件を満たしているか否かの実質的な審査。方式審査をクリアした出願であって、出願審査請求済みの出願に対してなされる
拒絶理由通知	審査官が審査した結果、拒絶理由に該当するとの心証を得たときに、その旨を出願人にする通知
意見書・補正書提出	審査官の拒絶理由に対して出願人が意見を述べ反論したり、権利範囲を補正したりする書類
特許査定	審査官が審査した結果、拒絶理由が発見できなかった場合になされる特許をすべき査定
拒絶査定	拒絶理由に該当するから特許すべきではないとする審査官の最終処分
拒絶査定不服審判	拒絶査定に不服がある場合に請求し得る審判
特許料納付	特許査定の謄本が送達されたら行う料金納付
特許権の設定登録 特許公報発行	特許料の納付が行われると特許登録原簿に記載され特許権の設定登録がされ、特許公報が発行される

16. 特許が認められない？諦めるのは早い！

　審査請求をすると、特許庁から審査官による最初の審査結果通知として、拒絶理由通知という書面が往々にして送付されてくることがあります。拒絶理由通知とは、審査官がこの内容では特許査定が出せないという理由を通知する書面です。拒絶理由通知に対して、みなさんは反論の機会を与えられているため、まだ諦める必要はありません。

　弁理士は、この書面の内容を検討し、必要に応じて面接審査や電話応答も行い、審査官の意図を理解しかつみなさんの権利が必要以上に狭められないような権利の範囲を見極めて、意見書・補正書を作成します。これを中間処理（権利化に向けて特許庁との間で行われる各種手続）と呼びます。中間処理も弁理士個人の力量が試される所です。

17. ついに特許を取得！どんなメリットがある？

　特許権を保有することのメリットについて、以下にまとめました。特許権を取得すると、模倣行為に対しても様々な措置を取ることができます。詳細は第6章をご覧ください。

表　特許権を保有することのメリット

1	競合他社に対する市場参入障壁を築き、競争的優位に立てる
2	ライセンス契約による様々な利益確保手段を取ることができる
3	訴訟リスクに備えられる
4	宣伝・マーケティングツールとして使える
5	ベンチャーキャピタルや公的機関の補助金事業者、提携企業先からの信頼・投資判断の評価材料になる

第4章 商標を取る

1. 商標登録出願のススメ

　よく勘違いされるのですが、**商標登録は先に商標を使い始めた人かどうかではなく、先に商標登録出願をした人であるかどうかが重要です**。そのため、先に商標を使っていても、他人にその商標を取られてしまったために、**せっかく知られてきた名称を変更**せざる負えなくなったり、**カタログやパッケージを作り直す**ことになったり、**取引先に模倣品取扱い業者のレッテル**が張られてしまったり、といった事が起きています。

　痛い思いをしてからでは遅いのですが、多くの場合、海外展開をしようとしたら、既に中国や韓国で自分の商標が勝手に登録されているという現実に驚かれ慌てて諸外国の商標登録状況を調べたり、自分達が先に出願しなかったために訴訟になった苦い経験を経て、商品化前であっても、商標が決まればいち早く出願すべきだということを強く実感されたり、商標登録は早い者勝ちであると痛感したことから、**商標登録出願の社内決定プロセスを以前より短くし、スピード感をもって商標登録出願を行えるように**変えられたりしています。

　痛い思いをしてからではなく、本書で一を聞いて十を知るが如くの想像力と知恵を働かせて、社内の決定プロセスに商標の検討を組み込んで役立てて下さい。

2. 商標と商標の機能、ブランドの関係

　ブランドという言葉をよく耳にされると思います。ブランドと商標は大変近い関係にあります。以下、商標の定義と商標の機能、並びにブランドの定義について簡単に触れておきます。一刻も早く商標登録出願の話を読みたい方は、

次の3にお進み下さい。

商標と商標の機能とは

　商標とは、人の知覚によって認識することができるもののうち、文字、図形、記号、立体的形状若しくは色彩又はこれらの結合、音その他政令で定める標章のうち、自己の商品またはサービスについて使用をするものをいいます。

参考：商標法第2条（定義等）

　商標には以下の機能があります。商標がこれらの機能を発揮することで、事業者の信用の維持と需要者の利益が保護されます。

1．自他商品識別機能
　自己の商品・サービスと他人の商品・サービスとを識別する機能。

2．出所表示機能
　一定の商標を付した商品・サービスは一定の出所から流出していることを示す機能。

3．品質・質保証機能
　同一の商標を使用した商品やサービスは同一の質であることを保証する機能。

4．広告宣伝機能
　需要者に商標を手がかりとして購買意欲を起こさせる機能。

ブランドとは

　よく聞かれるブランド[5]という言葉ですが、三省堂大辞林第三版による定義では、ブランドとは「①自己の商品を他の商品と区別するために、自己の商品に使用する名称や標章。銘柄。商標。②特に優れた品質をもつとして知られている商品の名称や標章。」とあり、①の定義は、商標の自他商品機能に当たります。②の定義は、商標の全ての機能が遺憾なく発揮されている状態です。

5　語源の由来としては、家畜に自身の所有物であることを示す焼印（brander：ノルウェー古語）が由来という説がある。

　また、マーケティングの著名な専門家であるフィリップ・コトラー教授は、「ブランドとは、個別の売り手または売り手集団の財やサービスを識別させ、競合する売り手の製品やサービスと区別するための名称、言葉、記号、シンボル、デザイン、あるいはこれらの組み合わせ」と定義しており、やはり、商標の自他商品識別機能に当たります。

　マーケティング、つまり売れる仕組みや儲かり続ける仕組みを作ることですが、差別化による競合優位性と高い収益性を確保することが必要ですから、ブランドを保護するツールとして商標を使いこなして頂ければと思います。

3. 基本は早い者勝ち！思いついたら弁理士に相談しよう

　新しい製品を作ったりビジネスを立ち上げる時に、「これはいい！」と思うネーミングを思い付いたとします（実際には文字以外でも様々なタイプの商標権の取り方がありますので後述します）。その商品名等や社名があなたのものになるためにはどうすれば良いのでしょうか？それは特許庁に商標出願の書類を提出して審査に通すことです。

　審査に通すために最も注意しなければいけないのは何でしょうか？それは商標の権利は**早い者勝ち**だということです。誰が早かったかを決めるのは何かというとそれは**「出願日」**です！つまりネーミングができたら、他者よりも一刻も早く出願書類を仕上げて特許庁へ駆け込まないといけないのです（実際は弁理士が代行しますので駆け込む必要は無いですけどね）。

　でもみなさんが出願書類を書こうとしても出願書類は法律文書のため様々な**「しきたり」**があります。それをいちいち学習して出願書類を整えていては**出願日がどんどん遅れてしまいます**。この数年、1〜3万件の商標登録出願数が増えています[6]。ですから、他者に先んじられないよう、出願日を一日でも早くするためにぜひ、**弁理士のサポートを受けて下さい。**

　弁理士に相談する時期ですが、商品企画等が固まってネーミングが絞り込まれて来たら早い段階で弁理士に商標権取得の相談をすると良いでしょう。**他社の権利侵害に当たるようなネーミングを予め回避し、より効果的な権利取得に**

6　商標登録出願数経緯　出典：特許行政年次報告書2019年版
　147,283件（2015年）、161,859件（2016年）、190,939件（2017年）、184,483件（2018年）

繋がるネーミング戦略のアドバイスをもらうことができます。例えば，**公募を
かけて選定したものが、既に商標登録されていて断念**せざるをえなかったり、
**海外で登録されていたので海外進出の際に戦略を立て直さざるおえなくなっ
た**、となると、時間も費用も無駄にしてしまいます。そうした事態に陥らない
ように、予め弁理士のサポートを受けておきましょう。

　以前、TVでタレント実業家の方が新製品の発売から10日程で商標権侵害の
警告を受け、１億円の損害を出してしまったというお話をされていました。広
告や商品等の回収に廃棄、信頼の回復等が重く響きます。失敗談をお話下さる
方が少ないだけで、この様な事例は珍しくはなく、潜在的に失敗する可能性の
ある経営者の方は沢山いらっしゃると思います。他山の石として、商標権の恐
ろしさを知っておいてください。

　一方で、商標権を取得できた場合には、その効果として模倣や偽物を排除す
る権利が得られます。

4.　先に商標出願されていた？諦めるのは早い！

　出願したかった商標を調べたら先に登録されていた場合、諦めるしかないの
でしょうか？でも商標は感性のストライクゾーンがあり、なおかつブランドの
信用を扱っています。ですから、最良と思うものを出願したいなら先に出願さ
れているからといって簡単に諦めるわけにはいかないはずです。この時こそ弁
理士の出番なのです。

　弁理士は先に出願されていた商標権を調べて本当に商標の権利を保有するに
値する状態になっているかを調べます。なぜなら商標権は取得できたからと
いって維持できるとは限らないからです。**商標権を取得することの意義は、ブ
ランド育成の基礎となる権利を得ること**（営業標識である商標に信用が蓄積し
ていく）、**商標権を行使して、そのブランドにタダ乗り（フリーライドと言う）
する者を排除し、出所の混同やイメージの低下によりブランドが弱くなる（ブ
ランドの希釈化と言う）のを阻止することです。**しかし、先に商標権を取得し
ていた人達がその権利でビジネスを全く展開していなかったとしたらどうなる
でしょうか？そうした商標には信用は蓄積しておらず、商標権として保護すべ
きものがありません。このような登録商標が増えると、業務上の信用を守っ

て、競業秩序を図り産業発展を促そうという商標権なのに、他の方々の選択の自由を狭めて産業発展を邪魔する存在だけとなってしまいます。従って、このような場合には、先に取得されていた商標登録を取消し、みなさんのものにできる可能性があるのです。弁理士はその取消とするための可能性を探り、手を打つのです。

　近年は、このビジネス実態の無い先取り商標出願に対して特許庁も問題視しています。先取り商標出願をして、高額で売り付けてくる商標ブローカーや、顧客と信用の乗っ取りを狙う事業者も出てきているためです。これらに対抗する最良の手立ては、確かに不当な輩より早く出願することです。しかし、先に出願されていても悪質な場合には特許庁は先の出願に拒絶査定を出したり、登録商標を取消したりといった方針を打ち出してきています。弁理士は特許庁の施策と共に我が国の知的財産権制度を担ってきましたので、対応を熟知しており、心強い味方となるでしょう。

　また、海外の商標出願においても悪質な業者によって先取り出願されるケースが相次いでいます。海外では日本の法制度と異なるため取消しができないケースが多発しています。よって海外も視野に入れる場合、弁理士は**グローバルな商標の出願戦略を立てることができます**ので、早くご相談下さい。

5.　相談に必要なものと出願までの流れ

　商標権は**マーク（標章）とそれを使用する商品・サービス（役務）**との組み合わせから構成されます。

　以下の事項を伝えられるように準備してください。

　商標を出願する際に弁理士に伝えるべきことは、希望するマーク（標章）に加えて、現在および将来に渡り、そのマーク（標章）をどのようなビジネスに展開しているのか、したいのかといった、具体的な業態と商品やサービス（役務）の内容です。

表　弁理士に会う時に持っていくもの・伝えるべき事項

1	希望するマーク（標章）	文字、ロゴ、図形等※ （あればjpegやgif画像） ※商標の種類を参照
2	商品またはサービス （役務）	扱っている／扱う予定の商品やサービスの一覧等
3	事業内容がわかる資料	会社案内、定款、パンフレット、事業計画書、商標を使用している、または使用予定の商品・サービスが記載されているパンフレット等

　弁理士は、商標登録のできる商標かどうか判断し、登録可否調査を行い、その結果を元にみなさんと方針を相談して、商標登録出願書類を作成し、出願します。相談から出願まで、内容や事前準備具合によりますが、即日から2週間です。

　商標登録出願に必要な書類は**原則、願書だけ**であり、特許出願では必須だった明細書は商標の場合には不要です。以下に商標登録出願書類（標準文字）の見本を示します。商標登録出願のポイントは【商標登録を受けようとする商標】と、その商標を使用する商品・サービス（役務）である「**指定商品と役務の区分**」という箇所です。「2　商品またはサービス（役務）」と「3　事業内容がわかる資料」が必要なのは、出願書類に記載すべき「区分」を弁理士が判断するための基礎になるからです。

商標登録出願書類（標準文字）の様式見本

```
┌─────────────────────────────────────────────────────┐
│  ┌──────────┐                                          │
│  │ 特　　許 │   （注意：特許印紙です。    ┌──────────┐ │
│  │ 印　　紙 │     収入印紙では認められません）│ 様式見本 │ │
│  └──────────┘                               └──────────┘ │
│     （　　　円）                                         │
│                                                         │
│  【書類名】　商標登録願                                 │
│  【整理番号】                                           │
│  【提出日】　令和　　年　　月　　日                     │
│  【あて先】　特許庁長官　　殿                           │
│  【商標登録を受けようとする商標】                       │
│      ┌────────────────────────┐                         │
│      │                        │                         │
│      │   願書に直接           │                         │
│      │   記載する場合は       │                         │
│      │   枠線を設ける         │                         │
│      │                        │                         │
│      └────────────────────────┘                         │
│  【標準文字】                                           │
│  【指定商品又は指定役務並びに商品及び役務の区分】       │
│      【第　　類】                                       │
│      【指定商品（指定役務）】                           │
│      【第　　類】                                       │
│      【指定商品（指定役務）】                           │
│  【商標登録出願人】                                     │
│    （【識別番号】）                                     │
│      【住所又は居所】                                   │
│      【氏名又は名称】                                   │
│                                                         │
│    （【代表者】）              ㊞ 又は 識別ラベル       │
│                                                         │
│    （【国籍・地域】）                                   │
│      【電話番号】                                       │
│  （【提出物件の目録】）                                 │
│    （【物件名】）                                       │
└─────────────────────────────────────────────────────┘
```

6. 商標登録出願に大事な区分の指定も弁理士がアドバイス

　出願するにあたり、最初に悩ませるのは、指定商品・サービス（役務）の区分指定だと思います。区分とは、省令別表にある商品・サービス（役務）のカテゴリのことで、商品は第1類～34類、サービス（役務）は第1～45類の中から選んで願書に指定する必要があります。

　ちなみに、この分類は世界約150以上の国及び機関が加盟しているニース協定に基づく、ニース国際分類に即した国際的に共通の分類です。

　商標の権利範囲を主に決定づけるのは指定商品・サービス（役務）に何を記載するかですが、その前に区分をどれだけ広く指定するかで商標登録費用が変わってくるため非常に大切になります。一つの商標登録出願で複数の区分を指定できますが、区分の数で出願料が変わります。区分の指定が多い場合には費用がかさみますし、多くすると審査期間も長くかかってしまうこと等も考慮に入れる必要があります。また、指定商品・役務の数についても不必要に多くすると、本当にそれほどの範囲で使用する予定なのか？と特許庁から使用意思の確認を求められたりします。弁理士と良く相談して決めるとよいでしょう。弁理士を通さずに個人で出願しようとする際によくある間違いとして、同業他社の出願内容をきちんと理解しないまま、その内容をそっくりそのまま記載するケースがあります。しかし真似たとしても、本当にそれが自社の事業内容をカバーしているとは限りませんし、現在では異なっている場合もあります。また、相手から本来必要な範囲の権利を取得されてしまい、侵害として訴えられてしまう可能性も残ります。要は権利が取れていても穴だらけ、という事態が起こり得ます。

　弁理士は法律・規則・裁判例、競合他社の出願等を基に、みなさんの商品やサービスの内容、原材料、家庭用・業務用、販売や提供の仕方など、様々な事業態様を想定しながら、区分の検討・記載事項の内容を検討してくれますので、ぜひ有効に活用してください。

表　商標の区分リスト

区　分	例7
第1類	化学品
第2類	塗料、着色料
第3類	洗浄剤、化粧品
第4類	工業用油、工業用油脂、燃料、光剤
第5類	薬剤
第6類	卑金属、その製品
第7類	加工機械
第8類	手動工具
第9類	科学用の機械器具、電気制御用の機械器具
第10類	医療用機械器具、医療用品
第11類	照明用、加熱用装置
第12類	乗物、移動用装置
第13類	火器、火工品
第14類	貴金属、宝飾品、時計
第15類	楽器
第16類	紙、紙製品、事務用品
第17類	電気絶縁用、断熱用、防音用の材料
第18類	革、旅行用品、馬具
第19類	金属製でない建築材料
第20類	家具
第21類	家庭用器具、化粧用具、ガラス製品、磁器製品
第22類	ロープ製品、帆布製品、織物用の原料繊維
第23類	織物用の糸
第24類	織物、家庭用の織物製カバー

7　商標法施行令第2条において規定する別表を元に、区分理解の目安に簡単な例示としました。日本では6,300件（類似商品・役務審査基準）、ニース国際分類では1万件の商品・サービスの種類が例示されています。

第25類	被服、履物
第26類	裁縫用品
第27類	床敷物、織物製でない壁掛け
第28類	がん具、遊戯用具、運動用具
第29類	動物性食品、加工作物
第30類	加工した植物性食品、調味料
第31類	加工していない陸産物、生きている動植物及び飼料
第32類	アルコールを含有しない飲料、ビール
第33類	ビールを除くアルコール飲料
第34類	たばこ、喫煙用具、マッチ
第35類	広告、事業管理、小売・卸売の業務のサービス
第36類	金融、保険、不動産取引
第37類	建設、設置工事、修理
第38類	電気通信
第39類	輸送、旅行手配
第40類	物品加工、その他の処理
第41類	教育、訓練、娯楽、スポーツ、文化活動
第42類	科学技術・産業に関する調査研究、ソフトウェア開発
第43類	飲食物の提供、宿泊施設提供
第44類	医療、動物治療、衛生・美容、農業に係るサービス
第45類	冠婚葬祭サービス、警備及び法律事務

7. 商標登録ができないもの

　商標登録ができない場合についてですが、商標権は、国家が一私人に独占排他権を与えるものであるため、常に公共の利益とのバランスや社会秩序等を鑑みて、一私人に独占させることになじまないものは、登録対象から外していきます。

　以下、商標登録ができない例を簡単に紹介します。登録可否の判断は多くの要因を加味するために難しいものであり、社会情勢や業界の商慣行、取引の実情、裁判例等総合的に勘案しつつ案件ごと個別具体的に判断することになります。この辺りのポイントについても弁理士に相談することでアドバイスを受けられるでしょう。

表　商標登録ができないもの

	商　標	ポイント・例
商標の登録要件（3条1項）	使用意思のない商標	現実的ではないほど広い範囲の商品等を指定していても使用意思がないと判断される
	普通名称	指定商品「アルミニウム」に使用する商標として「アルミニウム」または「アルミ」
	慣用商標	指定商品「清酒」に使用する商標として「正宗」
	記述商標	商品の産地、販売地…指定商品「菓子」に使用する商標として「東京」 商品の品質…指定商品「シャツ」に使用する商標として「特別仕立」 役務の提供場所…指定役務「飲食物の提供」に使用する商標として「東京銀座」 役務の質…指定役務「医業」に使用する商標として「外科」
	ありふれた氏又は名称を普通に用いられる方法で表示する標章のみ	「日本」、「東京」、「薩摩」、「工業」、「製薬」、「屋」、「協会」、「製作所」
	極めて簡単で、かつ、ありふれた標章のみ	ローマ字1又は2字（モノグラムを除く）△、□、球、立方体
	識別力のないもの	他の登録要件も考慮して総合的に判断される

不登録事由（4条1項及び3項）	国旗、菊花紋章等	国旗、菊花紋章
	国の紋章、記章等 赤十字等の標章又は名称	国の紋章、記章 赤十字
	国、地方公共団体等の著名な標章	都道府県、都営地下鉄の標章
	公序良俗違反	卑わい、差別的、国際信義に反するもの
	他人の氏名又は名称等	指定商品第24類「運動具、その他本類に属する商品」に使用する商標として「青木功」
	博覧会の賞	全国発明表彰
	他人の周知商標	国家元首の写真やイラスト、著名な芸能人、スポーツ選手
	先願に係る他人の登録商標	一商標一登録主義及び先願主義に基づく
	他人の登録防護標章	原登録商標「トヨタ」（第12類「自動車、その他本類に属する商品」）に係る防護標章登録に第14類「原料繊維」
	種苗法で登録された品種の名称	登録品種に「とちひめ」があり、指定商品「果実」に使用する商標として「とちひめ」
	商品又は役務の出所の混同	指定商品「東京都産のビール」について登録された地域団体商標「東京ビール」に対して、指定役務「飲食物の提供」について後願商標が「東京ビール」の文字部分を含む場合
	商品の品質又は役務の質の誤認	指定商品「ビール」に使用する商標として「○○ウイスキー」
	ぶどう酒又は蒸留酒の産地の表示	CHAMPAGNE
	他人の周知商標と同一又は類似で不正の目的をもって使用をする商標	「ETNIES」事件

参考：特許庁　出願しても登録にならない商標、商標審査基準

8. 商標の種類 立体、動き、色彩、音等

　商標と言うと世間では商品や会社の名称等文字の商標が一般的です。しかし、実際には商標は様々な種類に対して取得することができます。

　商標の種類について以下の表にしました。文字だけでなく図形、記号、立体等でも商標権を取得できますし、これら文字、図形、記号、立体等を組み合わせることもできます。さらに2015年4月1日からは新しい商標として、色彩商標、音商標、動き商標、ホログラム商標、位置商標も加わりました。みなさんが想像していたよりもよく多くのものに対して商標権を取得できるのではないでしょうか？

商標	例
文字商標	● 文字のみからなる商標 ● ひらがな、カタカナ、ローマ字、数字、外国語等 特許庁
図形商標	● 図形だけで構成する商標 ● 写実的な図形、図案化された図形、図形と図形の結合、文字を図形化したもの等
記号商標	● 記号だけで構成する商標 ● 暖簾、紋章、屋号の記号から構成されるもの、モノグラム化したもの、アルファベットやカナ文字を輪郭で囲んだもの等

立体商標	● 立体的形状で構成する商標 ● キャラクター人形、商品の容器、商品の形態等
結合商標	● 文字・記号・図形・立体的形状の構成要素のうち、2つ以上の要素を結合してなる商標
色彩商標	● 単色又は複数の色彩の組み合わせのみからなる商標 ● 商品の包装や広告に使用する色彩等
音商標	● 楽曲、声、自然音等からなる商標であり、聴覚で認識される商標 ● CMに流すサンドロゴやパソコンの起動音等
動き商標	● 文字や図形等が時間の経過に伴って変化する商標 ● 画面等に映し出される特徴的に動く文字や図形等

98

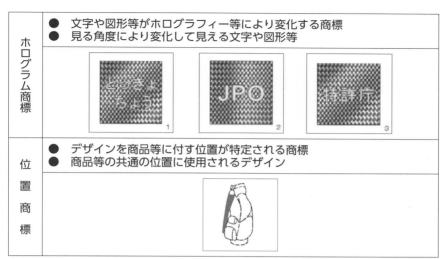

ホログラム商標	● 文字や図形等がホログラフィー等により変化する商標 ● 見る角度により変化して見える文字や図形等
位置商標	● デザインを商品等に付す位置が特定される商標 ● 商品等の共通の位置に使用されるデザイン

参考：特許庁　商標審査基準

9. 商標登録出願から登録になるまでのプロセス

以下に出願から商標権の設定登録までのフローチャートを示します。

図解　特許庁　商標登録出願手続きフローチャート

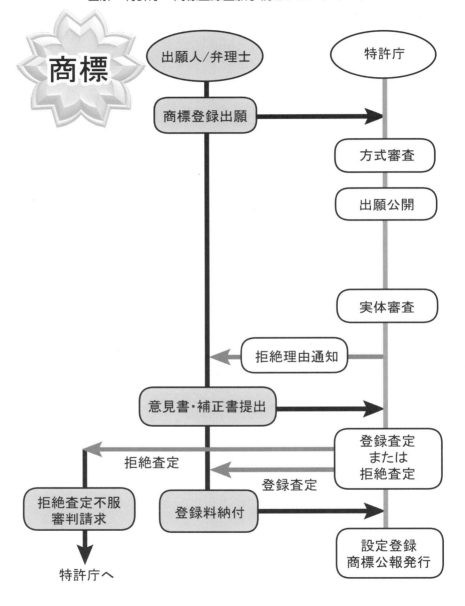

商標

出願人/弁理士

特許庁

商標登録出願

方式審査

出願公開

実体審査

拒絶理由通知

意見書・補正書提出

登録査定
または
拒絶査定

拒絶査定

登録査定

拒絶査定不服
審判請求

登録料納付

設定登録
商標公報発行

特許庁へ

　特許庁に出願書類を提出すると、審査官による審査が始まり、問題があれば拒絶理由通知がきて、それに対して意見書・補正書を提出して対応をします。登録査定がされた場合は登録料を納付し、商標権が発生します。拒絶査定がされた場合は商標権が取得できませんが、不服があれば拒絶査定不服審判、さらに知的財産高等裁判所、最高裁判所まで争えます。

　以下、商標登録出願手続きフローチャートにおける用語解説です。

表　商標登録出願手続きフローの用語解説

商標登録出願	商標権を得るために必要な書類を特許庁へ提出する手続き
方式審査	出願書類が特許庁で定める手続・形式的な要件を備えているかどうかの審査
出願公開	出願から2～3週間程度で内容が公開される
実体審査	商標登録になる要件を満たしているか否かの実質的な審査。方式審査をクリアした出願に対してなされる
拒絶理由通知	審査官が審査した結果、拒絶理由に該当するとの心証を得たときに、予めその旨を出願人にする通知
意見書・補正書提出	審査官の拒絶理由に対して出願人が意見を述べ反論したり、権利範囲を補正したりする書類
登録査定	審査官が審査した結果、拒絶理由が発見できなかった場合になされる商標登録をすべき査定
拒絶査定	拒絶理由に該当するから商標登録をすべきではないとする審査官の最終処分
拒絶査定不服審判	拒絶査定に不服がある場合に請求し得る審判
登録料納付	登録査定の謄本が送達されたら行う料金納付
設定登録 商標公報発行	登録料の納付が行われると登録原簿に記載され商標権の設定登録がされ、商標公報が発行される

10. 商標登録までにかかる時間

　出願から、審査官による審査結果の最初の通知（主に登録査定又は拒絶理由

通知書）が発送されるまでの期間（ファーストアクション期間：FA期間と呼ぶ）の平均は7.6か月です。

　早期審査制度を利用した場合のFA期間は平均1.7か月でした（2018年実績特許行政年次報告書2019年）。

　審査に通らず拒絶理由通知が届いた場合、審査に通るように意見書・補正書によって対応するので、その場合延びると考えてください。

　早期審査制度の利用を検討する場合は、利用に条件がありますので、弁理士に相談ください。

　なお、特許庁のホームページ[8]で商標審査スケジュールの公表をしているので、出願人は自らの商標登録出願の審査結果がどの時期に届くか知ることができます。ここ最近は、商標登録出願の増加から審査期間がかなり延びてきております。令和元年8月〜10月に出願する案件の審査着手までの期間の目安は10カ月〜14か月となっています。早めに出願を検討しましょう。

11. 商標登録をして終わりではない

　商標権は知的財産権の中で唯一、更新により半永久的に持ち続けられる権利であり、それにより100年と企業の信用を守っていけるのです。商標法はマーク等（標章）に蓄積するビジネス取引上の信用を保護します。顧客からの信用が厚いほどブランドは、商標が顧客吸引力を発揮していくのです。ナイキ社のフィル・ナイト氏の言葉を借りれば「歴代の経営者や従業員たちの熱い血」が注がれ続けることによって、商標の持つブランド力にさらなる活力が満ちてゆくからです。このように、商標は継続して行われるビジネス取引の信用と密接に結びついているために、商標権を取得した後の管理も大切になります。

　例えば、特許や意匠は使用していないからといって、権利を取り消されることはありませんが、商標には不使用取消審判という制度があります。これは、商標法の趣旨が商標に蓄積された信用を保護することにあるので、3年以上一度も指定した自社商品・サービス（役務）に登録商標を使用していない場合、保護すべき信用がないとして、特許庁に取消を求めることができる制度がある

8　特許庁　商標審査着手状況（審査未着手案件）
　　https://www.jpo.go.jp/system/trademark/shinsa/status/cyakusyu.html

ことに留意する必要があります。つまり、登録された商標をほったらかしにしていると、他人から不使用取消審判を請求されて取り消されてしまうおそれがありますので、正しく使っていく必要があります。

　また、商標権管理の最たるものとしては、「普通名称化させないこと」があります。普通名称化とは、自社の商品・サービス（役務）を識別するネーミングやマークであるとの認識が失われ、その商品・サービス（役務）の一般名称と認識されるに至ることです。普通名称化した例としてはエスカレータが有名です。いまや様々なメーカの階段式昇降機がエスカレータと呼ばれています。つまり、商標の持つ機能である、出所表示機能や自他商品識別機能が失われています。

　普通名称化した商標は、円滑な経済活動に支障をきたさないよう、商標権の権利行使に制限が課され、商標権の効力を無効化されてしまいます。これは財産的価値を失うということを意味するので、普通名称化させないことが重要になります。

　普通名称化の防止には、商標権の管理がかかせません。まずは自社商品・サービスに付したネーミングやマークが自社の登録商標であることをアピールする必要があります。また逆に他者の使用を監視することも必要です。例えば、商標の顧客吸引力にタダ乗りされる行為（フリーライド）等を黙認していると、登録商標と商標権者との結びつきが弱まり（希釈化）し、徐々に、商標の機能である自他商品識別機能や出所表示機能が失われていきます。こうした状況に至る前に、商標権や不正競争防止法の適用によって、適切に権利行使し、自社の商品・サービスにおける登録商標であると認識してもらう活動を忍耐強く行っていく必要があります。つまり、商標権を積極的に活用していく必要があります。

　以上のように出願した商標が無事登録になったから安心というわけではなく、正しく登録商標を管理・活用していることが大切です。下記に商標権管理に必要な事項を挙げておきますので、みなさんの取得した商標が強力なブランドとして羽ばたけるように着実かつ計画的な事業推進を志してください。そして悩んだときにはぜひ弁理士と相談してみてください。

表　商標権管理の例

商標権の消滅を防ぐ行為	登録料の納付
	商標権の更新
	他者の取消審判に対応
	他者の異議申立てに対応
商標権の活用	登録商標の表示
	普通名称化の防止対策
	他者の商標登録の排除
	防護標章登録
	ライセンスの許諾
	商標権の譲渡

　また、地味に大事なこととして期限管理があります。十年一昔とは言ったもので、うっかり更新登録を忘れていて商標権が消失していたことにすら気づいていない、というケースもあります（商標の更新登録は10年毎であり、担当者の申し送りがない等）。更に個人名義が法人名義になっていたり、統廃合等グループ会社や共同出願人の住所・名義変更等が起きていたりと複雑化している場合もあり、こうしたことも弁理士に任せることで間違いなく管理や手続きをしてくれます。

◆商標権取得で起きる悲劇、炎上対策

　そして近年、重要視すべきなのは炎上対策です。商標権は早い者勝ちなので、他人の商標登録がされていない商標の権利を取得することは、商標法的には問題はないはずです。しかし、道義や商慣行に反するということで批判が巻き起こり、最悪の場合、不買運動を始め社会的制裁を受け、企業の信頼が失墜するケースが発生しています。

　著作権や肖像権も、商標権とは別の観点で検討が必要です。このように、商標権を取得する、ということは独占権を与えられることに対する知識、生じる責任、覚悟やセンスが求められます。そうした意識があれば、事前に対策を練り、リスクを回避し、信用を蓄積し、ブランドを強くする行動を起こすことが

できます。自身の事業の知的財産権を尊重してもらうことは、同様に他社の知的財産権を尊重する姿勢が求められることでもあります。

◆人気が出てきてからでは遅い、商標権を利用した信用乗っ取りの罠

そして近年新たに出てきた手口として、商標権を利用した「信用・顧客」の乗っ取りです。商標登録をしていない、これから人気に火がつきそうな資本力の弱い店に目をつけ、先にその店の店舗名称やロゴマークを商標登録してしまい、その店の近隣で店舗を構えて同業の商売を始めます。同時に大量の資本投下により一気に宣伝広告をして顧客の誤認混同に乗じて知名度を獲得したのち、オリジナルの店に商標権侵害の警告をして、店舗名称変更を迫り、事業差し止め、商品やカタログや看板等の廃棄を請求し経営を圧迫して潰し、事業の実質的な乗っ取りを完了させる手口です。

知的財産権の悪質な使い方を考えている輩は常にいます。これは全ての世界においても言えることで、敵との知恵比べです。セキュリティの弱い家を探している泥棒がいるのと同様に、泥棒が悪いのは当然として、一旦被害を受けてしまえば、そう簡単には元の状態には戻らず、以前以上の時間と労力と資金を注ぎ込んでも、取り戻せないというケースもあります。このような悔しいトラブルに巻き込まれて後で泣かないためにも、自社の事業について、知的財産権のプロ、用心棒である弁理士を顧問に据えて、常に信用のタダ乗りを企てる輩に先んじて手をうつことで、恐ろしい、手ごわい、割に合わないと思わせ、目を光らせガードしておきましょう。

12. 商標権と他の制度とのメリット・デメリットを知る

商標権が、同じく自己の識別標識として機能している、商号やドメイン、他の知的財産権である著作権・意匠権とどこが違うのか、それぞれのメリット・デメリットを整理し、商標権の使い方を理解しましょう。

商標権と商号の違いは？
「商号」の使用が商標権侵害になるおそれがある

簡単に言うと、商標権は特許庁の審査を経て得られる独占的権利であり、日

本全国において唯一許されているのに対し、商号は同一住所に同一の商号は登記できませんが、全国で複数存在することは可能です。ビジネスでは商号と商品をセットで宣伝すると両方とも宣伝効果を得られますが、この時、自社の商号でも他社に商標登録をされていれば商標権侵害となるので使えません。従って、社名を決める際には事前に商標調査し、商号も商標登録されることをお勧めします。更に海外展開も考えるならば、海外での商標調査もしましょう。日本で有名になったのち、海外展開をしようとして、既に商標を取られており、高額なライセンス料や買取を要求される事例が後を絶ちません。先手で動きましょう！

表　商標と商号の違い

	商　　標	商　　号
管轄	特許庁	法務局
法律	商標法	商法・会社法・商業登記法
性質	商品・サービスの識別標識	商人・会社の識別標識
権利	全国で１つ （独占的排他権）	同じ住所に１つ （全国に複数存在可能）

商標権とドメインについて　ドメイン使用の注意

　なぜドメイン9を取り上げたかと言うと、商号と同じく企業の標識として機能するものであり、また商標もドメインも早い者勝ちである点が共通し、特にドメインは投機対象としてブローカーの介在もあり、買い取り交渉額が高額化するケースが珍しくありません。そのようなドメインですが、安心して使えるかどうかはまた別の問題なのです。

　過去に、商標権や不正競争防止法との兼ね合いから、ドメイン使用禁止やドメインの移転を命じる裁定などの判断が下されています。従って、ドメイン取得も考えている場合は、登録商標がないかどうかも念頭に検討をなさって下さい。

9　インターネット上における個々のコンピュータを識別する名称。

商標権と不正競争防止法の違いは？

　最近は、商標権にまつわるニュースが増えてきたため、事業を始めるにあたっては商標権を取得しておこう、という意識が芽生えつつあるように感じます。実際、商標登録出願数は毎年増加の一途です。そのため、以前ほど、不正競争防止法があるから、商標権は取らなくても大丈夫だという誤解は聞かれなくなりました。どちらも、模倣に対抗できるイメージがあるからだと思いますが、では、なぜ不正競争防止法があるのに商標権を取る必要があるのでしょうか。

　まず、商標権は、まだ使用していないマーク（標章）についても、権利が取得できますので、権利の先取りができます。これは、使用予定のマークについても商標権を確保できるようにするためなのですが、そのため、先にマークを使用していても、そのマークを使用していない他人が先に権利を取ってしまえば使用できなくなることが起こり得ます。

　不正競争防止法は、商標権のように権利を与える法律ではなく、行為を取り締まる法律です。商標権とセットで特に引合いに出される不正競争防止法の規制行為には、「周知表示混同惹起行為」と「著名表示冒用行為」があります。周知表示、著名表示とあるように、不正競争防止法による保護を求めるためには、自社の商品・営業の表示（商品等表示）として需要者の間に広く認識されている必要があります。

商標権と著作権の違い

「著作権」があれば商標を取らなくても良いという誤解

　著作権はどこに出願も申請もすることなく、創作した時点で権利が発生する権利です（無方式主義）。

　そのため、一見タダで楽そうと思われがちですが、商標権のように国の審査を経て、登録され（登録主義）、権利の内容が公示される権利ではないので、相手はあなたの権利を当然知っているもの、とみなすことはできません。そのため、商標法にある「過失の推定」規定に相当するものが、著作権法にはなく、著作権侵害は原告側が被告側の故意又は過失を立証しなければなりません。

　また、著作権は、他人が独自に創作したという場合には権利行使ができませんので、相対的独占権と呼ばれています。商標権のように、真似したのではなく、偶然同じものができた場合にも権利が及ぶ排他的独占権とは違います。

　また、多くのマーク（標章）は、文字や図形の単純な組み合わせといったシ

ンプルなデザインが多いのですが、著作物として認められるには著作物性があるかどうかという判断がなされるので、著作権を主張する際にはこのハードルをクリアしなければなりません。ですので、著作権で守られるから大丈夫と考えるのは安易です。

ちなみに、著作権と商標権は別個の権利ですので、両者が抵触する場合、例えば、他人の著作物を勝手に商標登録した場合には、その登録商標は使用できません。

表　商標権と著作権の違い

	商　標　権	著　作　権
管　　　轄	特許庁	文化庁
法　　　律	商標法	著作権法
権利の発生	実体審査を経て登録査定・登録料納付により発生	創作した時点で発生
権　　　利	全国で1つの権利（独占排他的権）	他者の著作物の真似ではなく、たまたま似たものを創作した場合は、複数の権利が存在（相対的権利）
期　　　間	設定登録から10年、更新により半永久	原則、著作者の死後70年

第5章 意匠を取る

1. 意匠登録出願のススメ

　特許出願の場合、先行技術文献の情報も記載し、技術的範囲を言語により画定した明細書を提出する必要がありますが、意匠登録出願の場合はそもそも明細書がいりません。

　出願書類は原則、願書と図面です。さらに、図面は写真等で代用することもできます。そのため、早期に出願可能で、早期に権利化も可能です。

　あまり注目のされていない意匠登録出願ですが、意匠権の権利期間は「登録日から20年」から更に「出願日から25年」（2020年4月1日施行）と延長され、特許権の「出願日から20年」以上に保護期間の長い権利です。

　さらに、意匠と特許の間には保護対象として重なり合う部分が存在します。実際、特許出願を意匠登録出願に変更することも可能です。そのため、特許権との重畳活用においても、先んじて意匠で権利化し市場を確保する、あるいは、特許では権利が取れない、既に技術が成熟している市場において、物品の機能や用途といった顧客満足度に繋がる技術的側面についてデザインの観点から権利を取得し、市場を独占する戦略を立てることもできます。

　また、後述しますが、様々な意匠制度（全体意匠・部分意匠・関連意匠・秘密意匠）があり、戦略的に使い分けることで、事業戦略により柔軟に対応することができます。以下、意匠権の活用メリットについて表にまとめました。

　これら意匠権の特殊性を利用し、知財ミックスな出願戦略により、さらに強い権利を狙う方法についても後述します。

表　意匠権の活用メリット

メリット	説　　明
早期に出願可能	特許に比べて書類作成の負担が少ない。
早期に権利化可能	特許に比べて審査に時間がかからないので権利化が早い。 特許権の重畳活用においても、特許権に先んじて意匠権によりまず市場を押さえられる。
戦略的な権利範囲取得	全体意匠・部分意匠・関連意匠等の出願形式の使い分けにより、戦略的に権利範囲を取得し、競合企業の事業参入障壁を作ることができる。
権利範囲が比較的わかりやすい	特許と比べ同一のみならず類似範囲にまで効力が及ぶ。さらにその類似範囲は予め出願書類に記載する必要がない。
技術が成熟して差別化ができない分野への一手	特許権が取得できない分野において、意匠権により市場独占の機会を狙う。
物品の機能や用途といった重要な技術的側面も権利化可能	製品のGUI（グラフィカルユーザーインターフェース）等、顧客満足に繋がる機能面もデザインの観点から権利化しうる。
秘密意匠の活用	知的財産権のうち意匠権のみ、権利登録したまま所定期間、秘密の状態を保てるので事業戦略に生かす。
権利期間が長い	特許権の権利期間は出願日から原則20年であるのに対し、意匠権は出願日から25年間（2020年４月１日施行）。
侵害発見が比較的容易	意匠権の保護対象は、物品の外観デザインであるため、製品を分解したり破壊したり分析したりしなければ分からないものではなく、侵害発見が比較的容易である。

2. 意匠権を活用した「デザイン経営」とは

　目立つこと、美しいこと（美観）は私たち人間にとって、**大変強い顧客吸引力を持っています**。近年、デザインによる差別化・付加価値化に対する注目度がより高まっています。「**デザイン経営**」という言葉を耳にされた方も多いのではないでしょうか？

「デザイン経営」の定義

> 　「デザイン経営」とは、デザインを企業価値向上のための重要な経営資源として活用する経営である。
>
> 　それは、デザインを重要な経営資源として活用し、ブランド力とイノベーション力を向上させる経営の姿である。アップル、ダイソン、良品計画、マツダ、メルカリ、AirbnbなどのBtoC企業のみならず、スリーエム、IBMのようなBtoB企業も、デザインを企業の経営戦略の中心に据えており、「デザイン経営」の実践企業・成功企業ということが言える。

　参考「デザイン経営宣言」経済産業省・特許庁産業競争力とデザインを考える研究会2018年5月23日

　このデザイン経営の推進において、強力なビジネスツールの1つとなっている知的財産権が意匠権です。

　意匠権は物品の外観デザインを保護対象にしているので、需要者が**ぱっと見てわかりやすく、模倣品の認定がしやすい権利**です。まだ意匠権は特許権や商標権に比べて、知名度も利用度も低い[10]のですが、**デザインへ投資する企業を後押しできるように制度が拡充していっています**[11]。外観デザインが消費者の購入動機となっている場合、商品全体の諸要素の中で、外観デザインが売り上げに占める寄与率は高いため、意匠権侵害が行われた場合、模倣品被害における損害賠償額の算定も高めに作用します。**抑止効果と牽制**により、**自社のデザイン設計の自由度を確保**し、**ブランド戦略に資するため**、**ぜひ使いこなして頂きたいと思います。**

10　特許・商標・意匠の出願件数
　　特許313,567件、商標184,483件　意匠31,406件（2018）
　　出典：特許行政年次報告書2019年版
11　特許法等の一部を改正する法律（令和元年5月17日法律第3号）において、意匠法では、今まで保護対象としていなかった建築物の外観や内装も保護対象となります。また画像デザインの保護も拡充させ、例えば物品以外の場所（道路・壁等）に投影される画像についても保護対象となります。

3. デザインを思い付いたら早く弁理士に相談

　みなさんが今、デザインを思い付いたとします。それはこれから売り出す予定の美容器具かもしれませんし、電子機器に使われるネジのようなひとつの部品かもしれません。そのデザインがあなたのものになるためにはどうすれば良いのでしょうか？それは特許庁に出願書類を提出して審査に通れば良いわけです。しかし、審査へ通す前に注意しなければいけないのは意匠の権利は**早い者勝ち**だということです。特許や商標と同じですね。誰が早かったかを決めるのは何かということが大事なわけですが、それは「**出願日**」です！つまりあなたが意匠を思い付いたら他者よりも一刻も早く出願書類を仕上げて特許庁に出願しないといけないのです。

　でも出願書類を書こうとしても特許や商標と同様に意匠の出願書類にも法律文書としての様々な「**しきたり**」があります。それをいちいち学習して出願書類を整えていては**出願日がどんどん遅れてしまいますし**、意匠は図面で特定するため、**特許とは異なり後でできる補正がかなり限られています。図面での特定の仕方を誤ると出願日が繰り下がることもあります。**ですから**出願日を一日でも早くするためにぜひ、弁理士のサポートを受けて下さい。**

　弁理士に相談する時期ですが、**デザインが創出（選考）され、かつその機能や用途も固まってきた段階で一度相談するのが好ましいと思われます。対象が絞られていないと具体的なアドバイスができず、逆に相当程度に確定してしまっていると、やり直しが必要となる場合には、大幅に無駄な作業が生じてしまいます。**デザイナーと法務の緊密な連携が必要であり、知財部員がいない中小企業やスタートアップ企業、知財に慣れていないクリエイターは外部専門家の活用として、弁理士顧問契約をお勧めします。

　早い段階から弁理士に権利取得について相談しておくと、**他社の権利侵害に当たるようなデザインを予め回避し、より効果的な権利取得に繋がるデザイン戦略のアドバイス**を得ることができます。

表　デザイン業務の流れにおける弁理士への依頼

	デザイン業務	弁理士への依頼業務例
1	トレンド調査 市場マーケティング調査 需要者の特定	意匠セミナー（勉強会）の依頼 デザイナーと弁理士の協同体制構築
2	デザイン原案創出 ・他社の意匠権と差別化を図る デザイン開発 ・他社の意匠権を回避する場合の設計変更案	意匠調査マップ作製依頼 ・ライバル企業の侵入禁止エリア ・中国、新興国等の模倣防止
3	デザインの推敲＆機能・用途の絞り込み	・出願形式検討 ・侵害予防調査（1〜2週間程度） ・出願書類作成（2週間程度）
4	造形、図面化	実際の販売モデルの確認 追加出願、補正等検討
5	設計フォロー	
6	販売フォロー 侵害回避のための仕入れ予定先検討	
7	市場反響調査	経営者＆営業販売＆デザイナー＆弁理士のデザイン経営改善におけるフィードバック体制構築 ・模倣品侵害成否判断 ・模倣品への権利行使判断

4. 弁理士に相談するのに必要なものと出願までの流れ

　では、弁理士に相談するときには、何を伝え、何を持っていけば良いでしょうか。以下、持ち物・伝えるべき事項を表にまとめました。

　ちなみに、良くある失敗なのですが、ご自身の考えた製品デザインをブログやSNS、パンフレットに挙げて公表したり、販売したりされていると、新規性が失われていますので、そのデザインではもはや意匠登録を受けることができません。出願・登録が済むまでは、他言なさらないよう、ご注意ください。

表　弁理士に会う時に持っていくもの・伝えるべき事項

1	物品の外観デザインがわかるもの 例：スケッチ、図面、写真、ひな形、見本、サンプル、模型
2	参考にした過去製品の形状、公知の形状等
3	どこがデザイン上重要であると考えているのか、 ポイント、目立つ所、マネされたくない所等、創作の意図や工夫
4	物品の性質・機能・用途
5	需要者・取引者層（一般消費者／専門家／女性／男性向け等）
6	商品流通形態（部品、完成品）
7	発表予定や販売開始時期

　弁理士に伝えるべきことは、**デザイン上どこが重要であると考えているのか、つまりポイントとなる所、目立つ所、マネされたくない所**といった、**創作の意図や工夫**です。また、需要者層によって、デザインの評価ポイントが変わるため、需要者層の情報も大切です。次にどういう事業展開をしていきたいのかお知らせ下さい。商品の流通形態（例えば独立して商取引可能な部品としても流通する）等を鑑みて出願形式を判断します。公表や販売時期はいつを予定しているのか等もあわせてお伝え下さい。

　弁理士は要望と頂いた情報に従って、まずは①**意匠登録出願できる意匠であるかの判断**を行い、②**侵害予防調査や登録可否調査**によって既に同じような先行意匠がないかといったことをレポートにまとめた後（1〜2週間）、③**最適な出願の選択肢**をご提案し、④**創作の意図や工夫が審査官に伝わる図面や説明の文章を作成し**（2週間程度）、⑤特許庁にでき上がった出願書類をオンラインで**出願**します。

5. 意匠権がとれないもの

　みなさんの考えた意匠が、意匠権が取得できるものであるかどうかは、弁理士が様々な観点から判断していきます。ご参考までに、意匠登録ができないものを表にしました。

表　意匠権がとれないデザイン

意匠	例
視覚を通じて美観を起こさせない意匠	分子構造
工業上利用できない意匠	盆栽、自然にある石の置物
新規性が失われた意匠	既に発表・販売されたもの
容易に創作できる意匠	東京タワーの置物、星型の入浴剤
公序良俗を害するおそれのある意匠	元首の像又は国旗、皇室の菊花紋章や外国の王室の紋章、わいせつ物
他人の業務に係る物品と混同を生ずるおそれのある意匠	他人の登録商標を利用したもの
物品の機能を確保するために不可欠な形状のみからなる意匠	パラボラアンテナ

6. 意匠の種類

　意匠には出願する方の便宜に合わせて、様々な出願形式が用意されています。意匠権が取れるもののイメージを持っているほど、デザインの段階で戦略的に意匠法制度を活用することができます。以下、意匠の種類の説明と、それぞれ考えられるメリット・デメリットを表にまとめました

表　意匠の種類

	意匠（全体意匠）
意匠（全体意匠）	■説明 　物品の外観デザイン等を保護。 　物品の部分に関わる部分意匠との対比で全体意匠とも呼ばれます。部品の意匠も全体意匠です。
	■例
	■メリット・デメリット 　部分意匠に比べて権利が取りやすいメリットがある一方で、独創的で特徴ある部分のみを模倣された場合、権利行使ができないというデメリットがあります。

	部分意匠
部分意匠	■説明 独創的で特徴のある部分のデザインを保護します。 ■例　シャープペンシル、カメラ  ■メリット・デメリット 　全体意匠は、物品全体の形状等が権利の判断材料となるため、独創的で特徴のある部分を模倣されても、他の部分が異なれば、権利侵害と言えない場合が出てきます。そこで部分意匠により広く強く保護しようとするものです。 　より広く強い権利を取得するための考え方として、全体意匠のバリエーションの意匠としての使い方（部分意匠と関連意匠の組み合わせによる出願）や、侵害訴訟における、全体意匠の要部判断をより裏付ける根拠として、部分意匠で要部周りの権利を押さえる、といった使い方が考えられます。 全体意匠より権利範囲が広いため、その分、先行意匠が存在し、全体意匠より権利取得が難しいという点があります。
画像を含む意匠	■説明 　パソコン、スマホ、タブレットに表示される画像、更には改正※によりクラウド上の画像やネットワークにより提供される画像、物品以外の場所に表示される画像、AR画像やVR画像等のデザイン開発への投資を意匠権によって保護します。 ■例　携帯電話機 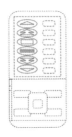 ■メリット・デメリット 　UI（ユーザーインターフェース）の使いやすさ見やすさというデザインの追求は機能と密接に関わっており、特許権を取得できるほどの技術レベルではないアイデアについても意匠権で取得することができたり、最も目につく外観デザインによる購買決定への影響力で自社ブランドの差別化や付加価値化に繋げられる等のメリットがあります。ちなみに、画面に映るデザインなら何でも意匠登録の対象となるわけではなく、映画やゲーム等のコンテンツは対象外です。

組物意匠	■説明 　２以上の物品の組み合わせにより、全体の統一感を表したシステムデザインを保護します。 ■例　一組のいすセット、一組の飲食用ナイフ、フォーク及びスプーンセット  ■メリット・デメリット 　組物全体の統一あるデザインの模倣に権利行使ができるメリットがある一方で、個々の構成物品を模倣されても権利行使ができないというデメリットがあります。
関連意匠	■説明 　一貫したコンセプトに基づき開発されたデザインを保護します 例　アンダーシャツ  ■メリット・デメリット 　シリーズやスペック違い等の複数のデザインバリエーションに対応する類似範囲を関連意匠により保護できるメリットがあります。近年、種々の制約により関連意匠の出願件数はさほど多くない状況でしたが、改正※により大幅に使い勝手が増したため、戦略的な活用が見込まれます。
動的意匠	■説明 　物品の機能に基づいて静止状態から変化するデザインを保護します。 ■メリット・デメリット 　例えば、冷蔵庫の場合、庫内の機能を考えて、扉を閉めた状態のデザインと扉を開いた状態のデザインの両方を、１つの出願でできる手続きの簡素化がメリットです。変化の前後のそれぞれのデザインで権利行使ができます。一方で、権利範囲が限定的になる可能性もあります。

秘密意匠	■説明 　登録日から最長３年以内の期間を指定して、登録したデザインを公報に載せず秘密にすることができます。 ■メリット・デメリット 　例えば発売予定のデザインを備蓄して権利を取得する場合に（ストック意匠と呼ぶ）、ライバル他社にそのデザインの傾向を知られることを防ぐことができます。 　また、複数の意匠を出願する場合に（関連意匠の利用等も）、実際に販売する意匠以外の防衛のための類似範囲の意匠を秘密にしておく事業戦略もあります。 　一方で、登録後に公報にデザインが公表されないことから、侵害された場合の侵害立証において、過失の推定がされない等、幾つかの制限があります。

参考：特許庁　意匠審査基準、部分意匠関連登録事例集
※特許法等の一部を改正する法律（令和元年５月17日法律第３号）
　関連意匠は本意匠の公報発行日前までに出願する必要があったところ、本意匠の出願日から10年以内においても関連意匠の出願が認められます。また、関連意匠のみに類似する関連意匠の登録は認められなかったところ、それも認められることとなり、大幅に保護体制が拡充しています。

7. 意匠登録出願に必要な出願書類

　意匠の出願書類は原則、出願人や出願内容の概要等の情報を記載する欄と意匠を現した図面を記載する欄で構成されています。以下が願書の様式の見本となります。

```
┌─────────┐                              ┌───────────┐
│ 特　許  │  (注意：特許印紙です。        │  様式見本  │
│         │   収入印紙では認められません) └───────────┘
│ 印　紙  │
└─────────┘
   (16,000円)


【書類名】        意匠登録願
【整理番号】
【提出日】        令和　　年　　月　　日
【あて先】        特許庁長官　　殿
【意匠に係る物品】
【意匠の創作をした者】
　　【住所又は居所】
　　【氏名】
【意匠登録出願人】
　（【識別番号】）
　　【住所又は居所】
　　【氏名又は名称】
　（【代表者　】）                    ㊞  又は  識別ラベル
　（【国籍・地域】）
　　【電話番号】
　【提出物件の目録】
　　【物件名】        図面              1
　（【意匠に係る物品の説明】）
　（【意匠の説明】）
```

【書類名】　　　図面

　【正面図】

　【背面図】

　【右側面図】

ページ（２）

【左側面図】

【平面図】

【底面図】

みなさんの意匠を特許庁の審査官に理解してもらうために、①「意匠に係る物品」、②「意匠に係る物品の説明」、③「意匠の説明」の欄等で説明していきます。弁理士が要望に応じて最適な願書を作成してくれます。

　上記通常出願の他、分割出願・補正却下後の新出願・変更出願といった特殊出願や、新規性喪失の例外適用や優先権主張といった手続を伴わせることもあります。弁理士に相談してどんどん学び、出願戦略を練っていきましょう。

　次に図面ですが、一般的には正投影図法による六面図を提出しますが、意匠の理解を助ける、展開図、断面図、切断部端面図、拡大図、斜視図、使用の状態を示した参考図などを加えることもありますし、図面の制作方法にも自由度があり、コンピューターグラフィック（CG）も認められています。また、図面に変えて、写真やひな形又は見本を提出することもできます。ひな形又は見本の場合は、特許庁での保管の関係上、性質やサイズに制約があります。

　どの方法にするかは審査官への理解が得られかつ権利範囲が広く取れそうなものを弁理士が選定してくれます。大事な箇所なので何度か弁理士と相談し合うことになるかと思います。

8. 出願から意匠登録になるまでのプロセス

　以下に出願から意匠権の設定登録までのフローチャートを示します。

図解　特許庁　意匠登録出願手続きフローチャート

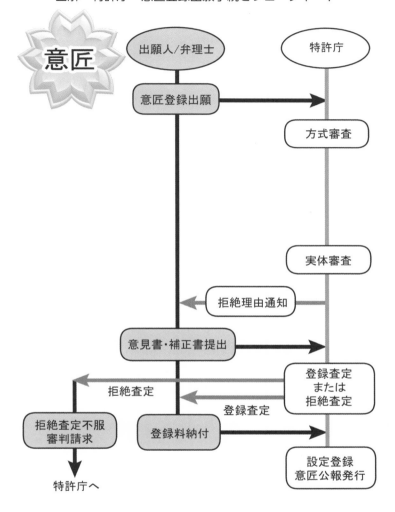

　意匠登録出願が完了すると、特許と異なり審査請求という手続きが無いため
にすぐに審査が始まります。問題があれば拒絶理由通知がきて、それに対して
意見書・補正書を提出して対応をします。審査官のOKが出れば、登録料の支
払いで意匠権の権利が発生します。なお、特許や商標と異なり出願公開制度が
ありませんので、出願内容が公開されるのは登録になってからです※。拒絶査

定がされた場合は意匠権が取得できませんが、不服があれば拒絶査定不服審判、さらに知的財産高等裁判所、最高裁判所まで争えます。

（※秘密意匠を選択した場合には、所定の期間公開されません）。

以下、意匠登録出願手続きフローチャートにおける用語解説です。

表　意匠登録出願手続きフローチャートの用語解説

意匠登録出願	意匠権を得るために必要な書類を特許庁へ提出する手続き
方式審査	出願書類が特許庁で定める手続・形式的な要件を備えているかどうかの審査
実体審査	意匠登録になる要件を満たしているか否かの実質的な審査。方式審査をクリアした出願に対して行われる
拒絶理由通知	審査官が審査した結果、拒絶理由に該当するとの心証を得たときに、予めその旨を出願人にする通知
意見書・補正書提出	審査官の拒絶理由に対して出願人が意見を述べ反論したり、権利範囲を補正する書類
登録査定	審査官が審査した結果、拒絶理由が発見できなかった場合にされる意匠登録をすべき査定
拒絶査定	拒絶理由に該当するから意匠登録をすべきではないとする審査官の最終処分
拒絶査定不服審判	拒絶査定に不服がある場合に請求し得る審判
登録料納付	登録査定の謄本が送達されたら行う料金納付
設定登録 意匠公報発行	登録料の納付が行われると登録原簿に記載され意匠権の設定登録がされ、意匠公報が発行される

9. 意匠登録までにかかる時間

出願から、審査官による審査結果の最初の通知（主に登録査定又は拒絶理由通知書）が発送されるまでの期間（ファーストアクション期間：FA期間と呼ぶ）の平均は6.1か月です。

早期審査制度を利用した場合のFA期間は平均2.0か月で、模倣品対策に対応

した早期審査の申請の場合は平均0.7か月でした（2017年実績　特許行政年次報告書2018年）

　審査に通らず拒絶理由通知が届いた場合、審査に通るように意見書・補正書によって対応するので、その場合2か月〜延びると考えてください。

　早期審査制度の利用を検討する場合は、利用に条件がありますので、弁理士に相談ください。

　なお、特許庁のホームページで意匠審査スケジュールを公表しているので、出願人は自らの意匠登録出願の審査結果がどの時期に届くのか知ることができます。

10. 意匠権と他の制度とのメリット・デメリットを知る

　意匠権だけが、デザインの保護に関わる制度ではなく、他の知的財産権である特許権・商標権・著作権・不正競争防止法とどこが違うのか、それぞれのメリット・デメリットを整理し、意匠権の使い方を理解しましょう。

11. 意匠権と特許権の違いは？

経営者・クリエイターが知っておくべき権利の戦略的使い方

　意匠権は物品の外観デザインを保護するものですが、そのデザインが技術的思想（アイデア、すなわち発明）を備えている場合、例えば機能的なデザインは、意匠権でも特許権でもカバーされる場合があります。しかし、特許権は外観の形状自体を保護するものではないので、見た目が似ていても発明が異なれば、製造・販売を差止めることはできません。ただ、全ての機能的なデザインを意匠権で取得できるわけではありません。なぜなら、特許と同じ技術的思想について独占を認めることになりかねないからです。以下のような意匠、例えば形状が機能を発揮するために不可欠であり、代替形状が存在せず（必然的形状）、機能以外にデザイン上評価すべきところがない意匠は登録ができません。

　従って、機能デザインに関しては、特許と意匠の戦略的な出願を練ることが必要となります。

「カドケシ」（コクヨ株式会社）の事例

消しゴムについて取得されている意匠権と特許権を見てみましょう。

特許の保護対象が技術的アイデア（発明）で、意匠は物品の外観デザイン（形態）であることを示すように、権利範囲は原則、特許の場合は文言、意匠の場合は図面で確定します。

意 匠 権	特 許 権
意匠登録第1191186号	特許第4304926号
	複数の直方体又は立方体を組み合わせてそれぞれの立体が外方に突出した角を有する形状をなすとともに、前記直方体又は立方体の幅寸法、高さ寸法、奥行き寸法が全て全体の対応する寸法よりもそれぞれ小さい消しゴムであって、複数の直方体又は立方体を辺同士のみが互いに接するように配置しているとともに、接する辺の部分に接合部を設けて連続した形状にしていることを特徴とする消しゴム。

より多くの角を設けて字を消しやすい消しゴムを提供したい、というアイデアから端を発していても、両者の表現形式が異なることがわかるのではないでしょうか。余談ですが「カドケシ」という、端的に機能を想起させる秀逸なネーミングも商標権を取得されています（商標登録第4684894号）。知財ミックスの実践例ですね。

表　意匠権と特許権の違い

要 件	意 匠 権	特 許 権
対　　象	意匠	発明
要　　件	新規性・創作性が必要	新規性・進歩性が必要
存続期間	「登録日から20年」から「出願日から25年」へ（2020年4月1日施行）	出願日から20年

12. 意匠権と商標権の違いは？

経営者・クリエイターが知っておくべき権利の戦略的使い方

　意匠権と商標権を考えるとき、引合いに出されるのが商標における立体商標です。息の長い商品を目指すなら、更新により半永久的にその立体形状等を独占することができる商標権は魅力的であると思います。しかし両者の登録の難易度はかなり違います。立体商標ですが、文字やロゴマーク等の付されていない、純粋に立体形状のみで権利を取得したいと考える場合には、自社の商品等の形状であるとの高い周知性・著名性が必要とされる傾向にあります。（ヤクルトの容器については1968年から同容器で販売宣伝広告開始、1996年に立体商標導入の法改正があり1997年に最初の出願、その後2010年にようやく知的財産高等裁判所で認められました）。

　しかしそれを得るのは至難の業です。まず、優れた形状というものは、すぐに他社による模倣が始まり、出所の混同が引き起こされる事態に陥るからです。つまり、自社商品等の優れた形状について、他社の模倣品を排除するために商標登録を受けたいにも関わらず、商標登録を受けるためには、「自社が出所元である」と認識されるまでの全国レベルの周知性・著名性を獲得するまで、商標登録を受けられないというジレンマが生じます。

　そこで、この間の模倣品対策として、ゴールは商標権での保護を狙いながら、スタートは意匠権の取得を目指すという戦術もあると思います。

　意匠権は、周知性・著名性が要らないというより、むしろ全く逆の考え方で、新しくないと権利が取得できません。広告宣伝費用の金銭感覚としてはテレビCMの15秒、新聞の記事下広告で50～100万で、それを何度も繰り返さなければ周知性は得られませんが、個人クリエイターや中小企業の経営者といった巨大資本を持たない方でも、新しいデザインを思い付いたという行為だけで、国家から独占の保護を得られるのです。

　その意匠権を元に模倣品に睨みをきかせ、排除しながら、「自社が出所元である商品等の立体形状である」との広告宣伝・製造販売を続けることで、信用を蓄積していくことが出来るため、いずれ商標権の取得を狙うための全国レベルの周知性・著名性を獲得するまでのプロセスの管理をしやすくなります。

　さらに意匠権は、商標権や特許権にはない「秘密」という状態を保ちながら

権利を得ることができます。販売前にライバル企業にデザインの傾向を知られることを防ぎながら権利を確保できるので、戦術のバリエーションが広がります（第5章6.参照）

　最後に商標権との大きな違いは、意匠は創作物であるけれども、商標は選択物であるという考え方の違いです。これはクリエイターの方に知っておいて欲しいと思います。そのため、クリエイターがデザインを創出した時点で意匠登録を受ける権利が生じ、この権利を持つ人しか出願できません（ちなみに、この権利も財産権であり、他人に譲渡可能です）。一方で商標には創作者の概念がありません。つまり、商標登録を受ける権利というものは存在しません。これは願書を見るとお分かりになると思いますが、意匠の願書には、創作者の欄がありますが、商標には創作者を記載する欄はなく、出願人（のちの権利者）のみです。

　この捉え方の違いを如実に物語る場面として、例えば同日に同じ商標が出願された場合は、なんと、くじ引きで権利者が決まります。負けた方はまた別の商標を選択してくれれば良いというスタンスです。意匠法ではくじ引きで権利者を決めるということはありません。

　また、意匠法には職務創作規定というものがあり、これは職務で創作をした場合の創作者との利害調整のために設けられているのですが、同じ理由で、商標にはそもそも創作保護という視点はないので、こうした規定もありません。これは商標の守る対象が、創作物ではなく、（どんな創作性のないマークでも）使われることで蓄積されていく業務上の「信用」を保護する、という視点にあるからです。つまり創作物と創作者の保護が手厚いのは意匠権です。このように、法律の性格によって、みなさんと相性を考えて、付き合いを色々と考えられるのですが、意匠法はデザイン創作を重視するクリエイターやこれからデザインで攻めていく経営者にとって今後の展開や成長に応じて、他の法域と組み合わせて強力な使い方のできる権利であるということを知っておいて欲しいと思います。

表　意匠権と商標権の違い

要　件	意　匠　権	商標権（立体商標限定）
対　象	物品の形態 （形状＋模様等）	立体的形状

目　　的	デザイン創作の保護	商品・サービスの識別標識の保護による業務上の信用の保護
新 規 性	必要	不要
創 作 性	必要	不要
効力範囲	物品の同一・類似	商品の同一・類似
存続期間	「登録日から20年」から「出願日から25年」へ（2020年4月1日施行）	設定登録の日から10年間更新可能（半永久的に権利を持つことも可能）

13. 意匠法と不正競争防止法の違いは？

「不正競争防止法」を使えばタダで守られるという誤解

　意匠法ではなく、登録せずに（つまり登録料金がかからない）タダで守ってもらえる不正競争防止法があるから大丈夫だ、と考える方がおられます。本当にそうでしょうか。そこで以下に両者の違いを簡単に説明します。

　デザイン保護において引き合いに出される不正競争防止法の規定として、「周知表示混同惹起行為」と「形態模倣商品の提供行為」があります。まず「周知表示混同惹起行為」ですが、周知性があると証明するに足りる市場シェア率、宣伝広告の量、販売期間等を主張する側が立証する必要があり、訴訟のハードルは低くありません。この周知性を獲得するためにかかる広告宣伝販売コストや期間を考えると、意匠登録にかける費用・労力の比ではありません。周知性の他にも、商品等の表示性や類似性および混同のおそれについても立証しなければなりません。

　次に「形態模倣商品の提供行為」ですが、これもまた訴訟のハードルは低くありません。みなさんの商品の形態と、模倣を疑う商品との間の客体の同一性や模倣行為の存在を、主張する側が立証しなければなりません。

　そのうえ、不正競争防止法による形態模倣行為を問えるのは最初の販売日から3年です。意匠法の出願日から20年、改正後は登録日から25年と比べると、

その差は歴然です。

表　意匠法と不正競争防止法（混同惹起行為）の違い

要件	意 匠 法	不正競争防止法周知表示混同惹起行為 （2条1項1号）
登　録	必要（特許庁の審査）	不要
新規性	必要	不要
創作性	必要	不要
周知性	不要	必要 例えば、以下の資料により周知性を立証する。 市場シェア、販売期間、売上高、販売店数、製品流通量、宣伝広告費の金額、新聞／雑誌書籍／テレビラジオ等の記事、宣伝広告の地域・内容・量・回数、需要者アンケート調査、ネットやSNSでの評価情報等
期　間	「登録日から20年」から「出願日から25年」へ（2020年4月1日より施行）	期限なし

表　意匠法と不正競争防止法（形態模倣行為）の違い

要　件	意 匠 法	不正競争防止法 形態模倣行為（2条1項3号）
登　録	必要（特許庁の審査）	不要
新 規 性	必要	不要
創 作 性	必要	不要
範　囲	類似の範囲にも権利が及ぶ	実質的同一の範囲内のみ
独占排他性	模倣の有無関係なく、全国で唯一の権利として独占できる	模倣の取り締まりであり、偶然の一致である場合は問題とならない
期　間	「登録日から20年」から「出願日から25年」へ（2020年4月1日施行）	最初の販売日から3年

　ここで法律の性格を見てみましょう（何事も、相手の性格を知っているとその付き合い方を想像することができます）。意匠や特許は、国家の産業発展を促すシステムという公益性とのバランスの中で、アイデアを世の中に公開し発展に寄与した見返りとして、個人にそれ相応の財産権を与えるという発想です。

　一方、不正競争防止法は財産権を与える法律ではなく、行為を規制する法律であり、公益に貢献しているとまで言えない個人間の財産をめぐるトラブルについて、国家が介入する場合というのは、その不正行為が国を揺るがすほどに看過できない場合、つまり周知性を相当程度に得ており、既に莫大な資金と労力や時間が注ぎ込まれており、放っておけば社会の秩序を破壊したり、国家間の信義を損なう状態になることが危惧される等、権利を行使するに足る理由を見出す場合になります。

　こうした法律の性格を知ると、不正競争防止法を使えば、タダで自分の商売上の利益を国に守ってもらえるものだというような考えは安易であって、自分の商いへの努力や産業発展への貢献に見合っていない、バランスを欠いた視点であって、世の中そんなに自分だけに好都合にできてはおらず、甘くはない、ということを理解できると思います。

14.　意匠権と著作権の違いは？

「著作権」があれば意匠を取らなくても良いという誤解

　著作権はどこに出願も申請もすることなく、創作した時点で権利が発生する権利です（無方式主義）。そのため、一見、タダで楽そうと思われがちですが、意匠権のように国の審査を経て、登録され（登録主義）、権利の内公示される権利ではないので、相手はあなたの権利を当然知っているもの、とみなすことはできません。そのため、意匠法にある「過失の推定」規定に相当するものが、著作権法にはなく、著作権侵害は原告側が被告側の故意又は過失を立証しなければなりません。

　また、著作権は、他人が独自に創作したという場合には権利行使ができませんので、相対的独占権と呼ばれています。意匠権のように、真似したのではなく、偶然同じものができた場合にも権利が及ぶ排他的独占権とは違います。

また、意匠権は大量生産品の工業デザインといった、実用的な工業デザイン（応用美術）を保護する一方、著作権はもっぱら鑑賞の対象となる芸術（純粋美術）を保護する性格が強いため、著作権を行使する際には、相応の著作物性を要求されるというハードルを負うことも考慮に入れる必要があります。ですから、著作権で守られるから大丈夫と考えるのは安易です。

　ちなみに、著作権と商標権は別個の権利です。両者が抵触する場合、例えば、他人の著作物を勝手に商標登録した場合には、その登録商標は使用できません。

表　意匠権と著作権の違い

	意　匠　権	著　作　権
管　　轄	特許庁	文化庁
法　　律	意匠法	著作権法
権利の発生	実体審査を経て登録査定・登録料納付により発生	創作した時点で発生
権　　利	全国で1つの権利 （排他的独占権）	他者の著作物の真似ではなく、たまたま似たものを創作した場合は、複数の権利が存在（相対的独占権）
期　　間	「登録日から20年」から「出願日から25年」へ （2020年4月1日施行）	原則、著作者の死後70年

コラム

世界を揺るがすデザイン
アップルとサムスンのスマートフォン訴訟

　時事ニュースにおいて、意匠は知名度も関心も低かったのですが、米国で2011年にアップルがサムスンを相手にiPhoneを模倣しているとして起こした裁判で、翌年10億5千万ドルの賠償金認定が話題になり、その大半が意匠権侵害※を理由とするものでした。2018年に7年の歳月をかけて和解により終結しましたが、技術に関する特許権の侵害訴訟に比べて桁違いのデザインに関する意匠権の高額賠償請求は、外観デザインの利益に対する貢献度が高いことを認定するもので、製品開発における「デザインの重要性」、意匠権の役割を内外に知らしめることとなりました。

「アップルのデザイン」より

　（※2018年控訴審で陪審団は2件の特許権侵害の損害賠償額を約530万ドル、3件の意匠権侵害の損害賠額を約5億3330万ドルと算定）

第6章　弁理士は知的財産権を守るときの味方

みなさんの特許、商標、意匠といった知的財産権の侵害が疑われるケース、例えば「自社の発明を真似た製品やサービスが販売されている」、「自社製品や自社サービスの名前やロゴが勝手に使われている」、「自社製品のパッケージや商品デザインを模倣したコピー商品が輸入されている」といった状況に遭ったとき、弁理士はみなさんの心強い味方となります。

本章では、取得した知的財産権を使って、いかに模倣や海賊版を排除し、被害の回復と弁済を得るようにするための手順について、分かりやすく紹介したいと思います。

1. まず侵害が疑われる製品等を発見したら

侵害が疑われる製品・サービスを発見した場合の最初のステップです。

表　知的財産権を侵害されたと思ったときのステップ

1-1. 侵害が疑われる製品・サービスの証拠確保
1-2. 侵害が疑われる製品・サービスの調査・鑑定を弁理士に依頼
1-3. 自社の知的財産権の有効性について調査・鑑定を弁理士に依頼

1-1. 侵害が疑われる製品・サービスの証拠確保

侵害立証のために証拠を入手しなければなりません。現物に加えて、販売や製造日が分かる資料、例えばパンフレットやカタログ、取り扱い説明書、納品書、新聞雑誌の広告やネットショッピングのWEB画面、店舗で販売・提供されている写真等を証拠として確保しておいてください。

後に弁理士が侵害の警告の検討をを行う際に、警告された相手は、当然、証拠を隠そうとするため、侵害立証が難しくなるためです。

1-2. 侵害が疑われる製品・サービスの調査・鑑定を弁理士に依頼

次にすべきことは、確保した現物等が、「本当にあなたの知的財産権を侵害しているのか」を確かめる必要があります。

思い込みでろくに調べもせず対応した後で、実は侵害に当たっていなかったと分かった場合には、注意義務を怠ったとして過失を問われ、逆にあなたが相手の営業を妨害したとして責めを負う立場になってしまいます。

そのようにならないために、相手に対する対応には慎重を期す必要があります。そこで専門家による客観的な判断を得た上での対応ですよ、と示すために鑑定というものがあります。

鑑定は高度な知見を要するため、侵害の鑑定を行えるのは弁理士等に限定されています（弁理士法4条1項）。弁理士に鑑定を依頼するには、1-1にあるものを持参すれば良いでしょう。

ちなみに、弁理士はどのように侵害を判断するのでしょうか。ちょっと難しいかもしれませんが、以下にまとめました。実に様々な観点から綿密に検討していきます。経験して理解するのが一番早いです。実際に弁理士に会って教えてもらいましょう。

表　弁理士はどう知的財産権の侵害を判断するのか

特許権侵害の検討
特許権侵害は、侵害が疑われる製品等の構成（構成要件を抽出して挙げていきます）が、特許出願書類にある「特許請求の範囲」に“文言”で記載されている構成要件の全てを備えているのか、それぞれ比較検討していきます。 　“文言”の全てを備えていなければ侵害にはなりません。 　しかし、ずばり「文言侵害」には当たらなくとも、侵害に等しい（均等）とみなせる「均等侵害」や、直接侵害に繋がる予備的行為としての「間接侵害」に当たる場合もあります。 　過去の判例も鑑みて様々な検討を行います。実用新案権も同様です。
商標権侵害の検討
商標権侵害の検討は、侵害の疑わしい標章（マーク）だけではなく、それらの使

用の態様や指定商品・サービス（役務）との関係を検討する必要があります。

　商標としての使用態様ではなかったり、指定商品・サービスとは異なる商品・サービスへの使用であったりという場合には侵害に当たりません。

　商標や商品・サービスの類否判断は高度な知見を要します。弁理士は外観・称呼・観念の判断、隔離的・対比的観察、全体的・要部観察、取引実情勘案等、多角的な手法を用いて、総合的に判断を行います。

　同一・類似の範囲の使用に当たらず、直接侵害に当たらなくとも、直接侵害に繋がる予備的行為としての間接侵害に当たる場合もあります。

　過去の判例も鑑みて様々な検討を行います。

意匠権侵害の検討

　意匠権侵害の検討は、物品と形態の両面から行います。

　物品が同一又は類似であるか、物品の用途・機能（需要者層の分野も）等から検討します。

　次に形態の検討としては、物品全体の大枠の形態（基本的構成態様）と形態要素（具体的構成態様）を抽出し、共通点や差異点を認定し、創作のポイント（要部）を認定します。この作業は高度な知見を要します。

　また、同一・類似の範囲の使用に当たらず、直接侵害に当たらなくとも、直接侵害に繋がる予備的行為としての間接侵害に当たる場合もあります。

　過去の判例も鑑みて様々な検討を行います。

不正競争防止法、著作権侵害の検討

　侵害が疑われる商品・サービス等は、特許権、実用新案権、商標権、意匠権のうち１つではなく複数の知的財産権の法域にまたがり権利を侵害している場合があります。不正競争防止法や著作権侵害を検討する場合もあります。

1-3.　自社の知的財産権の有効性について調査・鑑定を弁理士に依頼

　侵害の調査鑑定により、侵害が濃厚であると分かったら、次は自社の知的財産権が有効かどうか、権利の範囲や強さを確認しておく必要があります。更に相手も知的財産権を持っている場合は、そちらも調査しておく必要があります。

　というのは、今後相手と交渉になった際に、自社と相手の強みと弱みを把握していると、より有利な条件で解決することが可能となるからです。

　また交渉が決裂して裁判を起こす場合には、相手からあなたの知的財産権を潰すための無効審判を仕掛けられることもあります。徹底的に争うか、和解に持ち込むか、和解の条件はどうするか等を決める際の判断材料にもなります。

　いずれも、侵害対応を弁理士に依頼した時点でアドバイスを頂けると思い

ます。

■権利期間の確認

　時々、年金（権利維持料金）の支払い忘れがあり、権利存続期間内でも消滅
しているケースがあります。消滅していても所定期間内であれば理由を問わ
ず、割増料金の納付により回復させることができます。更に過ぎている場合は
ケースによりますので、弁理士にご相談下さい。年金管理は弁理士に任せてお
くと安心です。

■自社の権利の有効性

　知的財産権は特許庁の審査を経て登録され、権利が発生しているのですが、
審査の過程で何らかの瑕疵（欠陥）がある場合、その権利を無効にすることが
できます。これを無効審判といいます。例えば、先行発明、先行意匠が見落と
されているとして、それらが記載された資料を探してきて、特許庁に無効審判
を請求し、認められれば、権利は初めから存在しなかったものとして消滅しま
す。警告書送付や訴訟（後述）において、相手からの攻撃手段として行われる
可能性が高いので、自社の権利の有効性を調査し、予め攻撃に備えて準備をし
ておく必要があります。

2. 侵害者に対する対応

　準備が整ったところで、侵害者に対しては以下の手段が考えられます。どの
対応も弁理士がサポートすることができますので、弁理士の役割を簡単に紹介
いたします。

模倣品・海賊版の被害に遭ったときの対応
2-1. 当事者間で解決を図る　―警告書から始まる交渉―
2-2. 裁判所以外の手を借りる　―調停・仲裁について―
2-3. 裁判所の手続きを利用する
2-4. 刑事責任の追及を捜査機関に求める
2-5. 税関に対し輸入差止めを申立てる

2-1.　当事者間で解決を図る―警告書から始まる交渉―

■警告書

　警告書が、最初に相手との接触を図るスタートになります。警告書とは、訴訟を起こす前に、侵害行為の停止等を求めて相手に送る文書です。

　警告書の内容ですが、1. で説明しました侵害鑑定・有効鑑定等を基に、みなさんが先々相手とどのような関係で解決を望みたいのか（例えば、製造販売の中止、在庫廃棄、損害の賠償、知的財産権の売買、ライセンス提携等）を踏まえて作成します。この後、交渉が始まり当事者同士で無事解決すれば終了です。しかし、警告書は法的拘束力がないため、警告書を無視されたり、相手が要求に応じない等も起こり得ます。相手の出方を見て、訴訟を含め様々な手段を考えます。

　ちなみに、みなさんが逆に警告書を受け取った立場でも弁理士は心強い味方になります。

■逆に警告書を受け取ったら……

　いきなり警告書が送られて来たら、動揺してびっくりしてしまうかもしれませんが、中には悪質であったり誤解した内容の警告書もあるので、弁理士と中身をよく検討して冷静に対応しましょう。上記と同様に、侵害鑑定等を行い事実確認した上で、弁理士に回答書の作成を代理してもらう事ができます。侵害がなければ誤解を解くためにその旨を回答します。侵害があれば、侵害行為の停止措置や侵害を回避する方法の検討、例えば設計変更、権利の買い取り、ライセンス契約等の交渉を行います。合意に至らず訴訟に至ることも見据えて準備を行います。

2-2.　裁判所以外の手を借りる―調停・仲裁について―

　裁判所以外の手を借りる代表例としては、調停制度と仲裁制度があります。知名度の低さや、双方の合意に基づく解決手段であること等を理由に利用率は低いのですが、訴訟手続きよりも調停・仲裁手続きの方が適しているケースもあります。

　メリットとしては、裁判の公開の原則が適用されないため秘密を保てること、裁判に比べて手続きが簡易で判断が柔軟に下せるため、裁判のようにオー

ルオアナッシングではなく互譲の精神で比較的短期間で紛争解決する等が挙げられます。例えば、取引先との訴訟を回避したい、訴訟自体を知られたくない、ノウハウに関するものである、多数の被告をまとめて解決したい、侵害案件ではありませんが会社と従業員との間の職務発明規定の揉め事等が性質上馴染んでいるという報告があります[12]。

　日本知的財産仲裁センターの調停では専門の弁理士・弁護士が調停人・仲裁人を務めます。詳細は同センターにご相談下さい。

日本知的財産仲裁センター

　日本弁理士会と日本弁護士連合会が1998年3月に「工業所有権仲裁センター」という名称で設立。2001年4月に名称を「日本知的財産仲裁センター」に改め業務範囲を工業所有権（産業財産権）から知的財産権に拡大。
　全国8箇所（東京本部、関西会、名古屋会、北海道支所、東北支所、中国支所、四国支所及び九州支所）。
HP：https://www.ip-adr.gr.jp/index.html

2-3. 裁判所の手続きを利用する

　知的財産権に関する訴訟には、侵害訴訟と審決等取消訴訟の2つの類型があります。いずれも弁理士はみなさんの心強い味方として訴訟をサポートします。

表　知的財産権に関する訴訟の類型侵害訴訟と審決等取消訴訟

訴訟の種類	相手	目的	法的性質
侵害訴訟	侵害の疑いがある相手	侵害の予防や停止、損害賠償等の民事上の救済を申し立てる手段	民事訴訟法
審決等取消訴訟	特許庁	特許庁の行政処分である特許異議申立てや審判等の結果に対する不服を申し立てる手段	行政事件訴訟法

■審決等取消訴訟について

　審決等取消訴訟とは、特許庁に対して行う行政訴訟です。特許庁が下した出

12　パテント2013　Vol. 66　№8　弁理士の拡大業務としての調停及び仲裁　大阪大学法科大学院客員教授　竹中耕三

願の拒絶査定審決や、権利の無効審決などに不服があるものに対して知的財産高等裁判所で争います。弁理士はみなさんの代理人として、最善の手を尽くします。分からないことがあればどんどん質問して、知財戦略の知識を深めていきましょう。はじめて知的財産権の取得を考えるみなさんは、先々こういう世界もあるのだという理解で良いと思います。

■侵害訴訟について

　弁理士は知的財産権の侵害を判断する上で高度な知見を持っており、みなさんの訴訟を強力にサポートします。

　特に特許事件の侵害判断は難しく、技術と法に通じている弁理士の力量が発揮されます。みなさんの出願書類を作成した弁理士であれば出願経緯から内容を全て把握していますので、事案把握がスピーディで確実です。

　当事者交渉の段階から弁理士が入っている場合、侵害鑑定と有効鑑定、知財調査および相手の出方を踏まえて、交渉決裂の場合を想定し準備してきた訴訟戦略のシナリオを進めることになります。弁理士はみなさんの補佐人、付記弁理士[13]の場合は弁護士と共に代理人になることができます。

表　侵害訴訟で請求できること

侵害行為等の差止めを求める
損害賠償を請求する
不当利得の返還を請求する
補償金を請求する
信用回復のための措置等を求める

表　知的財産権侵害訴訟におけるポイント

差止請求（製造販売等の侵害行為等をやめさせる）
差止請求権とは、侵害の停止または予防を請求する権利です。 　差止請求は①侵害行為の停止や予防の請求、②侵害品等廃棄や侵害の行為に供した設備の除却等の請求ができます。②は①とともにのみ請求することができます。

13　付記弁理士とは、特定侵害訴訟代理業務試験に合格し、日本弁理士会より弁護士登録にその旨の付記を受けた弁理士のこと。

知的財産権における差止請求は侵害者の故意・過失の立証が要らず、迅速な救済を求めることができます。なお、侵害により被害が拡大する等緊急性を要する場合には、侵害行為の停止を内容とする仮処分の申し立てもあります。

仮処分は差止請求と比べて、執行を停止できず強力なのですが、本案訴訟が後で行われるため、負けた場合は逆に損害賠償請求をされるリスクも考える必要があります。

差止請求が成立すると事業を停止するほかなく、重大な影響を及ぼします。

損害賠償請求（侵害で生じた損害を金銭で賠償させる）
損害賠償請求権とは、相手の不法行為により生じた損害の埋め合わせを請求する権利です。 原告側に多くの事項について立証責任があるのですが、特許法・商標法・意匠法では、立証負担を軽減する規定が設けられています。例えば過失の推定規定、証拠収集規定、損害額の算定規定等があります。
不当利得返還請求（ライセンス料相当額を支払わせる）
不当利得返還請求とは、法律上の正当な理由もなく利益を得て、権利者に損失を及ぼした者から、不当に得た利益の返還を請求する権利です。 損害賠償請求は、損害・侵害者を知った時から３年を経過したときは請求することができない（時効消滅）のに対して、こちらは消滅時効期間が10年あるので、実務上利用されることがあります。ライセンス料相当額を限度とすることが多いです。
補償金請求（出願公開後〜登録のライセンス料相当額を支払わせる）
補償金請求権とは、特許出願公開中の発明を事業実施した者に対し警告等をした場合、特許権の設定登録後にライセンス料相当額の支払いを請求する権利です。
信用回復措置請求（謝罪広告等をさせる）
信用回復措置請求権とは、権利侵害によって業務上の信用が害された場合、信用を回復する措置（例えば新聞への謝罪広告の掲載）を侵害者に要求する権利です

2-4. 刑事責任の追及を捜査機関に求める

刑事責任追及は弁理士の業務ではなく、侵害裁判の流れから、みなさんが判断することですが、悪質な知的財産権の侵害には、刑事責任の追及も行うことができることを申し伝えておきます。実務的には数は少ないです。法人の場合は、侵害者のみならず法人にも刑が科されます（これを両罰規定といいます）

表　知的財産権の侵害に関する罰則　懲役・罰金例（一部）

	侵害者本人　懲役・罰金	会社ぐるみ　法人罰金
特許法	10年以下または1000万円以下またはその両方	3億円以下
実用新案法	5年以下または500万円以下またはその両方	3億円以下
意匠法	10年以下または1000万円以下またはその両方	3億円以下
商標法	10年以下または1000万円以下またはその両方	3億円以下
著作権法	10年以下または1000万円以下またはその両方	3億円以下
不正競争防止法	10年以下または3000万円以下またはその両方	10億円以下

2-5.　税関に対し輸入差止めを申立てる

　税関でのコピー商品、海賊品の輸入差止※は、水際で国内への侵害品の拡散を防ぐ重要な手段です。弁理士に手続き代理を委任することができます。弁理士は必要に応じて侵害鑑定を行い、税関への申し立て書類作成等のサポートをします。

税関に対し輸入差止を申し立てられる知的財産権侵害品とは
特許権、実用新案権、意匠権、商標権、著作権、著作隣接権、回路配置利用権、育成者権を侵害する物品、または不正競争防止法に違反する一定の物品

　こちらにも罰則があります。

表　知的財産侵害物品を輸出した者若しくは輸出しようとした者、輸入した者
　　若しくは輸入しようとした者への罰則　懲役・罰金例

	侵害者本人　懲役・罰金	会社ぐるみ　法人罰金
関税法	10年以下または1000万円以下またはその両方	1000万円以下
関税法	知的財産侵害物品は税関により没収、廃棄	

※平成30年の税関における輸入差止状況は、差止点数が90万点を超え、過去5年で最高水準を記録しています。件数では中国が全体の86.8％を占めます。全体の大半を占めるのは偽ブランド品などの商標権侵害物品で、次いで偽キャラクターグッズなどの著作権侵害物品やイヤホンなどの意匠権侵害物品が報告されています。

知的財産別輸入差止実績構成比の推移（点数ベース）

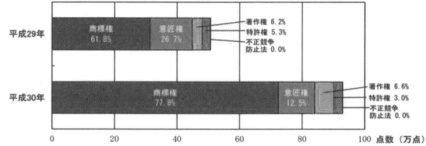

出典：財務省　平成30年の税関における知的財産侵害物品の差止状況

コラム

「下町ロケット」に出てこない弁理士

弁理士に事前に相談をしていればそもそもトラブルが起きないから？

　池井戸潤先生の直木賞作品「下町ロケット」は特許の攻防を扱ったもので、TVドラマにおいては最高視聴率22.3％の大ヒットを記録しました。とても楽しみに見ていましたが、弁理士が出てこない、という点については、著者は不自然さと寂しさを感じていました。しかし、主人公の会社である佃製作所の中に弁理士がいたり、依頼している特許事務所（があるはずだと思うけれど……）が存在すれば、そもそも知財戦略でヘタを打たず、トラブルが起きない、そうすると物語もできない？と専門分野をエンターテイメントとして扱うドラマにはありがちな難しさもあるとも思います（単に弁理士が知られていないだけだと思いますが）

　今回、「弁理士にお任せあれ」という本を書いたのは、弁理士の仕事の内容を世間に広く知って頂き、弁理士を使えば、ハードルが高いと思われている、ビジネスツールとしての知的財産を使いこなせるようになり、事業を強くすることができるということを知って頂きたいという思いがあります。

コラム

IoTxビッグデータxAIで生まれる新ビジネス

ビジネス関連発明

スマホやSNS・ネットショッピング・クラウドサービスの普及により、誰でも簡単に情報発信をしたり、情報にアクセスしたりすることができるようになってきました。そうした人の行動やモノの状態に関する大量のデータ収集がIoT・通信技術の向上により可能になり、また収集されたビッグデータ学習により、AIに認識・判断・予測等の処理の代行をさせ、ビジネス上の課題解決を図る等の新しいビジネスが生まれてきています。

近年注目されている○○Tech（リーガルテック、フィンテック等）と呼ばれる分野で、ビジネス上の課題を情報技術（ICT）によって解決するアイデアは、ビジネス関連発明として特許を取得することができます。

裏を返して言えば、競合他社に先に特許を取られる可能性もあり、事業戦略と知財戦略を同時に進める必要があります。

国内のビジネス関連発明の特許出願ですが、2000年に生じた出願ブーム後の減少傾向は2012年頃から増加に転じ、2017年は9,100件の出願があります。弁理士は特許庁に対するビジネス関連発明の権利取得方法に関する知見を深め、近年の特許査定率は60％台※となり、他技術分野と同程度に特許を取得することが可能です。

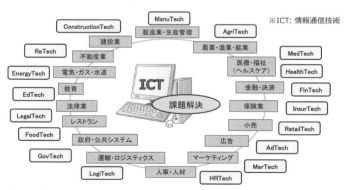

※ICT: 情報通信技術

参考：「コト」の時代におけるビジネス関連発明の権利取得について　特許庁　2012年67％、2013年67％、2014年68％（特許庁）

第7章 弁理士はどんな人？ 特許事務所はどんなところ？

　弁理士とはどんな人たちなのでしょうか。耳慣れない弁理士や特許事務所のイメージを掴んで相談しやすく感じて頂けるよう、以下データを交えてご紹介しようと思います。

1. 弁理士は全国に1万人

　弁理士は全国に11,797人います。

　他の職業と比べると、医師は319,480人、弁護士40,066人、司法書士22,632名、公認会計士31,739人、税理士78,570人、行政書士48,768人です。意外と少なく感じましたか？

参考：会員の分布状況　2019年10月31日現在　日本弁理士会、
　　　2016年医師・歯科医師・薬剤師調査の概況　厚生労働省、
　　　2018年弁護士白書、
　　　会員数他データ集　2019年4月1日　日本司法書士会連合会、
　　　会員数等調　2019年10月31日現在　日本公認会計士協会、
　　　税理士登録者数　令和元年10月末日現在　日本税理士会連合会、
　　　会員数等　令和元年10月1日現在　日本行政書士会連合会

2. 弁理士試験という国家試験を通過した人

　弁理士試験は難易度の高い国家試験※で、**合格率6〜7％、平均受験期間4〜5年、最多合格年齢層は30〜40歳代、近年の合格者数は200人台**です。医

師や弁護士のように大学院を出て資格取得をするというわけではなく、**理系の大学院等を出て研究・開発業務等の企業経験を経てから知財業務に携わる方が多い**ためだと思われます。

参考：特許庁弁理士試験情報
　　令和元年　志願者数3,862（3,977）人　合格者数284（260）人　合格率8.1（7.2）％　平均年齢37.8（37.6）　平均受験回数4.07（3.78）
　　※（　）は平成30年

3. 弁理士の役割

　医師が医師法に従うように、弁理士は弁理士法に従う必要があります。弁理士法には弁理士の職務が定めてあり、そこに専権業務（弁理士以外が行うと違法となる業務）と標榜業務（弁理士の独占業務ではないけれど、弁理士に期待されている業務）が定められています。
　専権業務は特許庁における特許・実用新案・商標・意匠の手続きの代理業務、標榜業務は知的財産に関する周辺業務です。
　弁理士法に従わない場合は、最悪の場合資格をはく奪されます。全ての弁理士は日本弁理士会に所属しています。

4. 弁理士のニセ者に注意！

　知的財産への関心が高まる中、知的財産権制度が良く分からない企業経営者、市民発明家、デザイナー、クリエイター、資格取得を目指す方を狙った悪質商法が増えています。
　弁理士法で定めるように、特許庁への手続き代理業務は弁理士以外が行うことは法で禁じられています。**特許や意匠は第三者に知られるともはや権利を取ることができませんし、アイデア等の窃盗は容易く、また特許も商標も意匠も権利の取得は早い者勝ちです。弁理士は弁理士法で厳格に守秘義務や利益相反規定が定められている**ので安心して相談できます。おかしいと感じたら日本弁

理士会にご連絡下さい。

知的財産関連の悪質商法にご注意！　日本弁理士会

ニセ弁理士

　特許○○士等の民間資格者または民間業者などから産業財産権や著作権の申請に関する書類作成を業として請け負う旨の勧誘がありますが、このような行為は弁理士法やその他の資格者法に定められた違法行為の可能性が極めて高いものです。

　民間資格者、民間業者には、国家資格者のような守秘義務がなく、手続を行うための高度な知見、権利の運用に関する管理能力がありません。安心して委任することができないばかりか無駄な費用を支払うことになります。

　このような勧誘を受けたり、費用を支払ってしまったという方は日本弁理士会までご一報ください。

5. 理工系出身者が8割、修士・博士が6割

　弁理士の約8割が理工系出身者です。また6割が修士・博士です。主に理系の大学院卒業後、メーカーの研究開発業務等に従事した後に、弁理士試験を志す方が多いです。大学・研究機関・企業等経験を有した専門分野の知見を強みに、特許出願業務に携わります。経済学部や法学部等を出た後に弁理士になり、理工系大学に行く方もおられます。商標を専門とする弁理士には文系出身者や、意匠を専門とする弁理士にはデザイン系出身者が比較的見られます。

参考：特許庁令和元年度弁理士試験最終合格者統計

6. 弁理士の所属先は？

特許事務所5割、特許業務法人2割、企業2割

　弁理士の就業形態ですが、特許事務所経営30%、特許事務所勤務23%、特許業務法人経営6%、特許業務法人勤務15%、会社勤務23%、官公庁等1%です。

　みなさんが依頼する場合は、企業に所属する社内弁理士（知財部等）ではなく、**特許事務所・特許業務法人に所属する弁理士に依頼**することになります。

ちなみに、社内弁理士は自社の発明発掘や知財調査業務、特許事務所への依頼を行ったりしています。

参考：2019年2月28日現在　日本弁理士会会員の分布状況

7. 特許事務所の規模　弁理士1人が全体の7割

　特許事務所と特許業務法人の違いは法人格を有しているか否かで、業務内容に差はありません。便宜上、以下事務所と書きます。
　所属弁理士数が1人の事務所は全国で3,426所あり、全事務所の最多7割を占め、弁理士全体の3割が所属しています。弁理士が20人以上の事務所は79所あり、弁理士全体の2割が所属しています。零細事務所が多いと思いましたか？弁理士の仕事は属人的で個人プレーなので、事務所の規模と質が関係ないということもあるかと思います。

参考：2019年2月28日現在　日本弁理士会会員の分布状況

8. 特許事務所にはどんな人が働いているの？

　規模にもよりますが、所長弁理士（事務所のトップ）、パートナー弁理士（経営権を持つ役員クラスの弁理士）、弁理士、特許技術者、特許・商標・意匠の調査員（サーチャー）、翻訳者、図面製作者、外国事務員、国内事務員、受付経理庶務の方々等がいます。

9. 弁理士ってどんなタイプの人？

　理系出身者が多いことから、性格的にはいわゆる理系タイプの人が多いです。冷静沈着で控えめの方が多いかもしれません。知的財産権の取得がアイデアの早い者勝ちであることから、時間に厳しく、新しいもの好きで好奇心旺盛

です。また、数字やデータの裏付け、専門用語の使い方に厳格で、弁より証拠を、というスタンスが強いです。

　技術を愛している方が多く、自分も研究をしたい、発明をしたい、面白いアイデアを出したい、という考えの方が多いので、技術の話や新しいビジネスの話を喜んで聞いてくれます。一方で、言葉や感情で不明確に煽ることを嫌い、エセ科学等への警戒心が強く、正義感が強い堅物のイメージもあります。また、知的財産権（産業財産権）の法目的が、産業発展にあるため、エンジニアやクリエイターの気持ちを汲んで、世の中に貢献したいという気持ちが強く、みなさんの知財を権利化し、権利によってビジネスを盛り上げたいと思っています。ぜひ、技術や数字に強く、知財法務に長け、堅実で着実な事実認定と把握の上に、地道に知的財産戦略を構築するに足る、堅牢な書類を作成してくれる弁理士を参謀に、みなさんのビジネスをより強く羽ばたかせてください。

10. 弁理士の歴史と使命

　弁理士を本書で初めて知った方もおられるかもしれませんが、弁理士の始まりは1899年で、すでに120年以上の歴史があります。

　弁理士の使命については、平成26年に弁理士法の第1条に以下のように創設されました。

　弁理士はグローバル時代の日本の知的財産を守る使命をもっています。特許、意匠、商標等知的財産により、企業に活力を与えるための社会的責任を負い、信頼ある弁理士となって知財立国の支えになれば良いと思います。

弁理士法（弁理士の使命）
第1条　弁理士は、知的財産に関する専門家として、知的財産権の適正な保護及び利用の促進その他の知的財産に係る制度の適正な運用に寄与し、もって経済及び産業の発展に資することを使命とする。

弁理士の歴史

明治32年	1899	「特許代理業者登録規則」施行、同年138名の代理業者が登録
明治42年	1909	「特許代理業者」を「特許弁理士」と改称「特許弁理士令」公布
大正４年	1915	「日本特許弁理士会」創立（特許局長の許可）
大正10年	1921	「弁理士法」公布「弁理士」に改称
大正11年	1922	弁理士会設立（農商務大臣の認可）弁理士会会則が制定され、第１回の弁理士試験が実施される
昭和９年	1934	弁理士記章制定
昭和13年	1938	弁理士は弁理士会に強制加入（弁理士法改正）
昭和23年	1948	特許等の審決取消訴訟に弁理士が訴訟代理人（弁理士法改正）
昭和35年	1960	弁理士の登録事務が特許庁から弁理士会に移管（弁理士法改正）
昭和53年	1978	弁理士に国際出願の代理専権（弁理士法改正）
平成９年	1997	特許代理業者登録規則施行日の７月１日を「弁理士の日」に制定
平成10年	1998	日本弁護士連合会と共同で「工業所有権仲裁センター（現／日本知的財産仲裁センター）」を開設
平成12年	2000	弁理士法全面改正
平成13年	2001	全面改正された「新弁理士法」施行 「弁理士会」の名称を「日本弁理士会」に変更
平成15年	2003	弁理士の特定侵害訴訟代理（弁理士法改正）
平成17年	2005	分解検査制度、不競法の形態模倣品の追加等（弁理士法改正） 弁理士の著作権事件の裁判外紛争処理手続代理（弁理士法改正）
平成19年	2007	弁理士の侵害物品の輸出差止申立手続代理（弁理士法改正） 既登録会員の継続研修、弁理士登録前実務修習（弁理士法改正）
平成26年	2014	弁理士法第１条に「使命条項」創設
平成30年	2018	データの利活用や規格（JIS等）の案作成に関する相談業務追加（弁理士法改正）

参考：弁理士の歴史（日本弁理士会）、法律改正（特許庁）

コラム　バッジを見ると士業の性格がわかる？

八士業、代議士、公認会計士のデザイン

　士業にはそれぞれ独占業務があり、その資格を有さない者には扱えない業務があるため、バッジはクライアントに対する信頼の証でもあります。

　弁理士バッジ（記章）のデザインは、16弁菊花の中心部に五三桐をあしらったデザインです。菊花は正義を、桐は国家の繁栄を表しています。ちなみに、菊花紋章とは菊花の花弁が16枚からなる皇室の紋章で、菊花紋章およびこれに類似する商標は、商標登録を受けることができません。

　士業によるバッジのデザインを見比べてみるのも面白いです。以下、八士業と呼ばれている、弁護士、弁理士、司法書士、土地家屋調査士、税理士、社会保険労務士、行政書士、海事代理士と、さらに代議士、公認会計士のバッジに用いられているモチーフについてまとめました。菊花と五三桐花が多いですね。

士業のバッジ（記章）のデザイン

■代議士：11弁菊花

■弁護士：16弁ひまわりと天秤

■弁理士：16弁菊花と五三桐花

■司法書士：五三桐花

■行政書士：10弁秋桜と「行」の文字

■税理士：円形と桜

■社会保険労務士：16弁菊花と「SR」の文字

■土地家屋調査士：五三桐花と「測」の文字

■海事代理士：15弁菊花と舵輪

■公認会計士：正方形の集合

コラム

登録商標を事業活性化に生かそう！

商標権を取得するメリットは様々。
みなさんも是非、商標権を活用して成功事例を作って下さい！

● 「取引先や投資先等から信頼・評価を得る」

　デパートの展示会の出店に際し、信頼の証として商標権の取得が済んでいるかを確認されたり、銀行への事業ポートフォリオの説明で商標権による差別化を追求したブランド展開を評価され、融資が円滑に進んだといった例があります。

● 「価格競争の脱却や自社ブランド事業の立ち上げへ」

　自社商品の品質の高さが伝わるように、その商品の機能がイメージしやすいネーミングの登録商標によって、価格競争に陥ることなく、他社と差別化して販売することができているという例や、自社技術のネーミングを商標登録したところ、OEM商品に自社の登録商標が表示され、市場で認知されるに従い、自社ブランドの生産割合が増えているという例があります。

● 「コラボ商品でライセンス収入と新規顧客開拓」

　商標権のライセンスによるコラボ商品の販売によって、ライセンス収入だけでなく、既存の顧客層とは異なる顧客層の開拓に繋がっているという例があります。

● 「採用活動で注目、企業文化の醸成やモチベーションアップ」

　社名が知られていなくても、採用活動に登録商標を使うことで注目を得られたり、自社企業らしさを追求するようになり、企業文化の醸成や社員のモチベーションアップに繋がっているという例があります。

参考：事例から学ぶ商標活用ガイド　特許庁

あとがき

　本書を書こうと思ったのは、事業活動における知的財産権の取得と活用による攻撃防御の重要性が世界的に益々重要になっている状況において、「知財のプロである弁理士」があまりにも知られていないことに危機感を抱いたからです。

　しかし、ただ「弁理士」という名称が周知になりさえすれば良いというだけでは安易というか悲しいというか、既に弁理士は120年以上の歴史があり、特許庁の行政と共に日本の知財業務を支えてきました。従って「事業経営における知財戦略」とセットでイメージが浮かぶことが肝要であり、本書刊行の１年前に、普及に最適な漫画コンテンツの力を借りて「ストーリー漫画でわかるビジネスツールとしての知的財産」を上梓しました。経営者兼弁理士を主人公に置き、ビジネスツールとしての知財をイメージして頂ける設計で制作しました。

　しかし制作時から考えていたことは、一番大きなハードルは、弁理士と接するスタート地点がわからないことであり、そもそも弁理士をどう探せば良いのか、何をどう依頼出来て、相談には何を持って行ったら良いのか（持ち物リスト）といったことがわかる本がなければダメだと感じました。そこで、弁理士にたどり着くファーストステップについて平易に解説した本を書こうと決意しました。

　しかし、決意したものの、弁理士の仕事や依頼の仕方を伝えるというのは、大変なことでした。例えるなら一人の医師が、外科・内科・皮膚科・麻酔科さらには検診・美容・法医学まで、医師の仕事の全てを語るようなものです。弁理士もそれと同様の広がりがあり、そのために必然的に特許だけ、商標だけ、権利化前までの実務解説の専門書が多くなります。また多くの本は知財法・知財実務の学習をさせることが目的になっています。しかしそれでは、忙しい経営者が、事業経営のための知財の全体像とポイントを手っ取り早く把握したいというニーズに沿わず、敬遠される理由となります。経営者は利益を出すことが第一で、知財法・知財実務を学ぶことが第一ではありません。税務は税理士に依頼するとイメージが出来ているように、餅は餅屋、知財は弁理士への頼み方をガイドしてくれるものである必要があります。また、法律をわかりやす

く、嚙み砕いて表現する、というのは、法律家にとってはこわいことで、そのため、条文や審査基準や裁判例の丸写しになり、専門家同士が使っている専門用語になってしまいます。それが専門家にとっては間違いがなく安心なのですが、一般の方には、その専門用語を使うとかえって、全然わからなくなってしまいます。むしろ、非弁の方が、わかりやすく説明ができてしまい、そうした詐欺師の手にかかって被害が起きてしまうことは避けねばなりません。この点も医療と民間療法の関係に近いものがあるかもしれません。

　また、弁理士の仕事は権利化までがメインですので、権利化までの話が多いのですが、実際にその実力を感じるのは、権利化後の訴訟の場面です。そこで弁護士が出てくるために、知財は弁護士（だけ）と思ってしまわれます。しかし、弁理士の業務は100％知財であるのに対し（弁理士法）、弁護士の業務は多岐に渡り、弁護士の全員が知財を専門としているわけではありません。とりわけ「権利を創る」という、技術と業界を知らなければ創り上げられない、非常にクリエイティブな部分こそが、弁理士の真価が発揮される所（ペンで戦う）です。訴訟（弁論で戦う）のことになると弁護士とタッグを組み、互いを補完し合って戦っていることを伝えられなければ、知財有事に対する備えとしての弁理士の扱いは「火災を予防する方法を教えた者は賞されず、火事が起きて消火にあたった者だけが賞され、加えて防火もしない」という「爛額焦頭」の故事になぞらえるが如くです。

　また本書は、未来を想定し新しい弁理士像を追い求めて書いている側面があります。特に、知財コンサルといった経営により踏み込んだ領域への専門家としての役割は、新しい弁理士像に求められる部分であり、社会に必要とされ続けるためには、よりユーザーフレンドリーになる、スタートアップのスピードについていく、意欲的に社会と関わっていく、という姿勢で弁理士の業務をかなり広く網羅するように制作しました。

　従って、弁理士にとってすらプレッシャーのかかるつくりになっていると思わなくもないのですが、しかし、研鑽し続け、時代の先端にある科学・技術・法・経営・国際情勢を睨み学び続け、日本の産業発展を担う士業であるという使命に鑑み、社会のニーズに応えてさらにできることはないかと考え、門戸を拡げ、付加価値を提供していくことができなければ、弁理士は、やはり知られないまま、あるいは、単なる代書屋で、もうAIにとって変われればいいやなんていう事になりかねないと思います。

本書が日本中に広まり、意欲的な知財人材の活躍の場が広がり、ひいてはそれが、日本全体の活性化につながることを願っております。

　本書の執筆にあたり、赤塚正樹弁理士、前川直輝弁理士に原稿に目を通して頂きアドバイスを頂きました。ご協力に大変感謝しております。そして、本書が知財業界活性化への一助になると意図を賛同して下さり、産みの苦しみを支えて下さった一般社団法人発明推進協会出版編集チームの皆様に心より感謝を申し上げます。同協会は明治37年の創立以来100年にわたり、一貫して発明の奨励・工業所有権（産業財産権）制度の普及に努め、我が国科学技術の進歩・発展に貢献されておられます。同協会から出版させて頂けたことに、気が引き締まる思いです。

　本書をお手に取って下さった皆様の益々のご発展をお祈り申し上げます。

大樹七海　2020年1月吉日

著者紹介

大樹　七海（おおき　ななみ）
科学・知財コンテンツクリエイター

国立研究開発法人の理化学研究所（理研）、産業技術総合研究所（産総研）にて半導体・創薬研究開発・TLO・国際連携業務を経て、法学修士、弁理士試験合格。

産業科学技術・科学技術政策・科学技術史・理系人材育成等におけるコンテンツを制作。

著書として、ビジネスパーソンに向けた初の知財啓発ストーリー漫画『ストーリー漫画でわかる　ビジネスツールとしての知的財産』大樹七海（著者）・杉光一成（監修）（アップロード出版）、高校/高専生に向けた標準化教育の内閣府知財教育選定書（16万部配布）『マンガでわかる規格と標準化』大樹七海（著者）・一般財団法人日本規格協会（監修）　・一般財団法人知的財産研究教育財団（協力）、弁理士受験生向け受験指導連載WEBマンガで解説！『弁理士への道』大樹七海（著者）・（LEC東京リーガルマインド）　等がある。

現在、一般財団法人日本規格協会月刊誌『標準化と品質管理』にて『大樹七海の規格と標準化探訪』連載中。

詳細は以下ウェブサイトを参照

大樹七海（note）：https://note.com/ookinanami　Twitter：@ookinanami73

カバーデザイン　大樹七海

弁理士にお任せあれ　特許・商標・意匠　早道解決

令和2年2月27日　初版　発行

編　　者　大樹七海

ⓒ　2020　OOKI NANAMI

発　　行　一般社団法人　発明推進協会

発 行 所　一般社団法人　発明推進協会
　　　　　所在地　〒105-0001　東京都港区虎ノ門3-1-1
　　　　　電　話　03-3502-5433（編集）03-3502-5491（販売）
　　　　　ＦＡＸ　03-5512-7567（販売）

印　　刷　勝美印刷株式会社　　　　　　　　　　　　Printed in Japan
乱丁・落丁本はお取り替えいたします。
ISBN 978-4-8271-1335-8 C3032
本書の全部または一部の無断複写複製を禁じます（著作権法上の例外を除く）。

発明推進協会 HP：http://www.jiii.or.jp